DOCTEUR GEORGES SURBLED

MÉDECIN DE L'HOPITAL ANNE-MARIE

LE SOUS-MOI

PARIS
A. MALOINE, ÉDITEUR
RUE DE L'ÉCOLE-DE-MÉDECINE, 25-27

LE SOUS-MOI

DOCTEUR GEORGES SURBLED

MÉDECIN DE L'HOPITAL ANNE-MARIE

LE SOUS-MOI

PARIS

MALOINE, ÉDITEUR

25-27, RUE DE L'ÉCOLE-DE-MÉDECINE, 25-27

INTRODUCTION

La *personne humaine* est l'incontestable souveraine de cette terre : elle domine le monde de la nature de toute la hauteur qui sépare l'esprit de la matière. Seul, l'homme est un être intelligent et libre, conscient et responsable : il se distingue absolument, par ces caractères transcendants, de tout ce qui l'entoure, des animaux, des végétaux, des pierres, qui ne sont que des *choses*, sans conscience, sans liberté. Seul entre tous, il est une *personne*.

Telle est la notion ancienne, classique, de la philosophie traditionnelle. Est-elle complète et suffisante? Est-il permis de s'y tenir, est-il prudent de s'en contenter? Nous ne le pensons pas.

Pour assurer la personnalité, pour lui donner une certitude inébranlable, il ne suffit pas de la définir au point de vue psychologique, il faut la définir dans son fond intime, dans son essence, il faut l'établir sur la solide base de la métaphysique.

La personne est ce qui constitue l'homme, l'individu, c'est le mode d'existence de chacun de nous : elle est propre à une substance complète, consciente et maîtresse de ses actions. Elle doit toujours être distinguée en elle-même et dans ses opérations, suivant qu'elle agit ou non. Et c'est par la plus grave erreur que tant d'auteurs la confondent, soit avec la mémoire, soit avec la conscience, facultés par lesquelles la personne se connaît ou se reconnaît. Les actes de la personne ne sont pas cette personne même. Comme le dit très bien M. Élie Blanc, « sous les actes de la conscience, de la mémoire, par derrière nos souvenirs plus ou moins fidèles, et nos états de conscience plus ou moins mobiles, il faut bien qu'il y ait une substance, une nature : c'est dans ce fond qu'il faut chercher notre individualité, notre personne, qui ne change pas. Nous pouvons la saisir, la connaître de diverses manières, mais elle n'est pas cette connaissance, cette conscience de nous-mêmes (1). »

Il n'y a rien de plus important, rien de plus certain que la personnalité humaine, fondement nécessaire de la société et de la civilisation; et ce n'est pas nous qui chercherons jamais à ébranler cette notion capitale d'ordre expérimental et rationnel. Mais on n'ignore pas qu'elle est très vivement combattue par les révolutionnaires, par tous les tenants du matérialisme, par les savants positivistes et libres penseurs. Il n'est donc pas inutile de la défendre et de la corroborer par les arguments que la science présente : c'est la tâche que nous nous sommes assignée dans les pages qui suivent.

L'existence de la *personne humaine,* sa continuité à travers les âges, sa profonde et inaliénable unité au cours de la vie, ne sont pas contestables; et cependant il n'est au pouvoir d'aucun philosophe de soutenir que cette personne se réduit au seul *moi* et tient dans la

_____

(1) *Dictionnaire de philosophie,* art. *Personne.*

conscience que nous avons de nous-même. C'est l'opinion dans laquelle se complaisaient les cartésiens,
c'est celle qu'ont plus ou moins soutenue de nos jours
les philosophes éclectiques ou rationalistes; mais
l'expérience ne la soutient pas, et la raison nous oblige
à y renoncer. Tous les jours, nous sentons qu'il y a
deux parts dans notre vie : la part de l'esprit et celle
de la *bête,* la part de la raison et celle de l'animal,
disons mieux, la part de la conscience et celle de l'inconscience. Tous les jours, nous nous rendons compte
que nos actes se partagent en deux catégories distinctes : ceux dont nous avons conscience et responsabilité, ceux dont nous ne sommes ni conscients ni
responsables, et nous savons aussi que les uns et les
autres sont unis et, en quelque sorte, enchevêtrés
dans notre vie, dont l'unité est indiscutable. Tous les
jours, nous comprenons davantage que notre personne,
toute une qu'elle soit et qu'elle demeure, se présente
incessamment sous deux aspects très différents, suivant qu'elle a ou non conscience de ses opérations.

C'est la vérité que nous exprimons sous une forme
nouvelle en disant que notre personne se scinde profondément en deux étages distincts, mais non séparés
d'ordinaire : le *moi* et le *sous-moi.*

Cette vérité est vieille comme le monde. *Nil novum
sub sole.* Le dualisme de notre personne éclate partout,
dans tous nos actes, dans notre vie extérieure, comme
dans l'intimité de notre être. Les philosophes comme
les moralistes de tous les temps l'ont constaté, l'ont
proclamé sans difficulté : ils ont reconnu qu'il y a en
nous des faits dont nous sommes conscients et

responsables et d'autres qui se passent inconsciemment en nous, *sans nous*. Ils n'ont jamais attribué au *moi* ce qui revient à la pure cérébration, et inversement ils n'ont pas mis au compte de l'inconscience les actes humains réfléchis et volontaires. Il est vrai que longtemps cette importante distinction a été exclusivement empirique et qu'on ne s'est occupé que tout récemment d'en fournir une explication scientifique, d'en trouver la cause profonde dans le fonctionnement cérébral. Mais, il faut tout dire, si les notions acquises ont été mises au service de l'éternelle morale qui en tire bon profit, l'explication attendue de la science est loin d'être donnée : nous savons où est le devoir, mais nous ignorons toujours le mécanisme des centres nerveux. La modestie est donc de mise : nous ne sommes pas plus avancés que nos pères. Et nous pourrions avantageusement prendre auprès d'eux des exemples d'introspection et des leçons de logique, qui nous permettraient de voir plus clair et d'établir quelque ordre dans nos déductions.

Certains modernes, surtout d'Allemagne, n'ont-ils pas obscurci la question en ne voyant en nous et au dehors que l'inconscient, en le tenant pour l'origine de toute existence, pour la source de toute vérité, pour l'Être en soi, en le divinisant en un mot? C'est folie de prétendre expliquer le conscient par l'inconscient, le connu par ce qu'on ignore. Et la *philosophie de l'inconscient* n'est qu'une vaste logomachie panthéistique. L'inconscient est une réalité qu'Hartmann n'a pas découverte, qui a toujours été acceptée, mais il ne rend raison de rien : il est d'ordinaire l'antécédent,

la base, la condition du *moi,* il n'en est pas la cause.
D'ailleurs, l'inconscient et le conscient ne se séparent
pas absolument, ne s'opposent pas en un irréductible
conflit : ils se relient et s'unissent par d'infinies gradations. Voilà ce que reconnaissent les psychologues
attentifs et avertis et ce que n'ont jamais vu les rêveurs
d'outre-Rhin.

Que d'auteurs infatués de logique, mais peu fidèles
à la réalité des choses, admettent deux étages dans
notre personnalité, mais se plaisent à les différencier
totalement, à attribuer à l'un la conscience, à l'autre
l'inconscience ! Cette division n'est pas acceptable :
elle est trop tranchée pour être vraie. La nature ne
connaît pas de hiatus, *ne fait pas de sauts,* comme
disait Linné. Entre la pleine conscience et l'inconscience absolue, il y a des degrés nombreux, des transitions insensibles dont on doit tenir compte. La personne ne comprend pas deux états, mais des états
multiples, presque infinis. Et c'est pourquoi nous estimons préférable d'en faire une dénomination nouvelle.
Elle comprend deux états distincts quoique liés ensemble : le *moi* et le *sous-moi.* Le premier, pleinement
conscient, se rattache toujours au second qui est en
sous-ordre et offre des degrés très variés de conscience
ou plutôt de subconscience. Il faut qu'il y ait rupture
entre eux pour que se manifeste la véritable inconscience. Mais cette scission est exceptionnelle, et,
quand elle survient, demeure transitoire : elle n'est
jamais normale.

L'erreur de nombreux philosophes modernes a été
de ne voir que l'accident, la rupture, et de faire une

1*

règle de ce qui n'est qu'une exception et une ano-
malie. La personne humaine ne se scinde pas d'ordinaire, elle reste entière, une et cohérente, et comprend
dans une étroite communauté le *moi* et le *sous-moi*.

Il est bon de noter les cas rares, mais il est meilleur
d'enregistrer ce qui est vulgaire et constant, quand
on veut faire de la psychologie ou de la physiologie
exacte. Sans contester les faits étranges que révèlent
le sommeil, les rêves, le somnambulisme, l'hystérie,
l'hypnose, le médiumnisme, il serait nécessaire de
tenir compte dans une large mesure des faits ordinaires de la vie commune qui sont autrement importants et nombreux, et qui comportent toujours et
nécessairement à des degrés divers l'union et la collaboration du *moi* et du *sous-moi*.

C'est la pensée qui nous poursuit depuis longtemps
et qui a inspiré notre étude. Elle veut combler une
lacune regrettable dans le champ de la science. Le
lecteur dira si elle est solide et justifiée.

LE SOUS-MOI

CHAPITRE PREMIER

Le sous-moi.

L'esprit a toujours eu dans la langue philosophique un synonyme obligé : c'est le *moi*. Quand chacun de nous pense, il sent très bien que son *je* ou *moi* est le siège et l'auteur de ses pensées. La personnalité s'accuse nettement ici : c'est l'esprit ou le *moi* qui est le sujet de la pensée.

Par opposition avec le *moi*, les auteurs ont signalé nécessairement le *non-moi*, c'est-à-dire tous les êtres étrangers, extérieurs, distincts du sujet pensant. Mais autant on connaît bien le premier, autant on connaît mal le second. Et on ne s'explique guère l'ampleur démesurée qu'a prise la notion du *non-moi* dans certaines philosophies, dans celle de Fichte en particulier. Le *non-moi*, pour l'esprit qui réfléchit, est un résidu, c'est tout ce qui n'est pas *moi*, tout ce qui s'en détache par exclusion, par analyse.

Entre ce *non-moi* qui est un monde, le monde même, et le *moi*, les auteurs n'ont longtemps vu d'intermédiaire. Et pourtant il y a ce qui n'est plus le *non-moi* et ce qui n'est pas encore le *moi*, il y a ces états gradués et multiples qui vont de l'inconscience absolue à la pleine conscience, il y a ce que nous désignons d'un mot, le *sous-moi.*

Si le mot est nouveau, et si nous osons demander pour lui droit de cité dans la science, la chose est vieille et d'expérience commune. Il est nécessaire d'en tenir grand compte dans l'élaboration psychique. Et bien que les anciens ne s'en soient pas préoccupés au même point de vue que nous, ils l'ont tous reconnu dans son existence, dans son rôle, dans sa valeur.

Le *sous-moi* n'est pas séparé du *moi,* comme l'indique la composition même du mot. Il se rattache au *moi,* sans se confondre absolument avec lui. Tous les deux s'unissent, coopèrent, font corps en quelque sorte dans l'unité du fonctionnement cérébral. C'est de leur ensemble que se compose la personne humaine. Sans doute, celle-ci s'accuse plus fortement dans le moi conscient et libre. Mais il ne faut pas oublier que le *sous-moi* est la base, le substratum obligé du *moi.* Rien à l'état normal ne les sépare. Qu'on soit à l'état vigil ou même à l'état morphéique, le *sous-moi* reste plus ou moins lié au *moi :* nous le constaterons au cours de notre étude. Pourquoi donc tant d'auteurs se sont-ils évertués à ne voir que scission et trouble là où il y a union et harmonie? Pourquoi ont-ils prétendu séparer et même opposer deux états qui sont connexes et nécessaires l'un à l'autre? S'ils ont voulu mettre l'esprit hors de pair, ils ont eu la main malheureuse, car cet esprit est nécessairement lié à la cérébration inconsciente. Il n'y a pas de *moi* possible en dehors du *sous-moi,* au moins dans notre état présent, le seul que la philosophie ait à considérer. Mais si certains ont voulu ruiner le spiritualisme antique en donnant toute leur attention à l'inconscient, en en faisant le principe de toute la vie cérébrale, ils se sont également ment trompés. L'inconscient est né du conscient, tout en le précédant pratiquement dans le temps. C'est l'esprit qui gouverne la matière, qui, en faisant le départ entre le *moi* et le *non-moi,* révèle le vaste et inexploré domaine de l'inconscience; c'est l'esprit qui fait de nous des hommes conscients et libres et nous distingue absolument du reste de la nature, de l'animalité brutale. Et il est vrai de dire que le conscient et l'inconscient, le *moi* et le *sous-moi* ne font qu'un dans la personne qu'ils constituent. Leur valeur n'en reste pas moins très inégale. L'homme ne vaut que par son esprit et par sa conscience.

Le *sous-moi,* dont nul ne saurait contester l'ampleur, l'importance et la nécessité, le *sous-moi* ne compte que par le *moi* dont il dépend, auquel il se rattache par mille liens. S'il domine à l'origine de l'être, il ne s'ordonne que grâce au *moi.* C'est l'esprit qui préside à l'organisation sensible, au mécanisme de la cérébration; c'est l'esprit qui dispose admirablement les éléments nerveux à son service. Sans lui, que serait le cerveau? Un chaos d'inconscience, un amas de sensations brutes et incohérentes. L'intelligence est la faculté qui dissipe les obscurités et fait la lumière. *Mens agitat molem.* On appréciera vite l'exactitude de cette proposition au cours de notre étude qui fait une large part au *sous-moi,* mais réserve la plus belle au *moi* qui est notre marque d'origine et le ravissant fleuron de notre couronne.

CHAPITRE II

Chez l'enfant.

On connaît l'amusant problème qu'on pose aux enfants et qui les embarrasse : De l'œuf ou de la poule, lequel est apparu le premier sur la terre? Est-ce l'œuf? Est-ce la poule? Le problème est insidieux et surtout obscur, il est bien fait pour troubler de jeunes intelligences, et même des vieilles, il est tellement complexe qu'il demeure insoluble pour tous, autant qu'on se cantonne dans l'étroit domaine de la raison.

Il n'en est pas de même de celui que soulève la grosse question de notre personnalité. Cette personnalité se compose de deux éléments associés, le *moi* et le *sous-moi;* et il est facile de voir que ces éléments ne sont pas contemporains. L'origine de notre personnalité n'est ni brillante ni claire : elle se fond, nous allions dire elle se perd dans les brumes de l'inconscience. Nous avons été conscients de notre être, sûrs de notre personnalité à une certaine heure de notre vie; mais quand et comment? Chacun de nous serait bien embarrassé, bien incapable de répondre.

L'antériorité du *sous-moi* sur le *moi,* de l'inconscient sur le conscient, est positive, certaine; nul ne saurait la contester. Il est clair qu'à l'origine nous acquérons des impressions rudimentaires, des sensations brutes qui servent de base à la connaissance. La sensibilité pure précède nécessairement la sensibilité consciente. Les sensations se pressent, s'accumulent dans notre cerveau; et c'est sur ce fond commun et grossier que s'élaborent lentement nos premières connaissances.

Chacun de nos sens procède de la même manière; et il est facile de s'en rendre compte. Prenons l'œil, par exemple. Ce que nous allons en dire peut s'appliquer à tous les autres sens.

L'enfant nouveau-né ouvre vivement les yeux à la lumière; mais que voit-il d'abord? Peu de chose ou rien. Les premières impressions que reçoit sa rétine sont brutes, à peu près inconscientes. Leur élaboration se fait lentement, graduellement, et par une sorte d'apprentissage. La lumière est perçue, puis elle est distinguée des ténèbres, puis elle s'analyse progressivement. Enfin l'œil élabore plus nettement la vision, arrive à discerner les principales couleurs, à saisir la forme générale de quelques objets, étend de plus en plus loin le cercle de son action. La connaissance se fait ainsi par une suite ininterrompue de sensations qui, d'abord brutes, s'affinent de plus en plus et se complètent les unes par les autres : elle procède par étapes, nous allions dire par étages successifs et passe insensiblement de l'inconscient au conscient, de l'obscurité au plein jour, du *sous-moi* au *moi*.

Ce processus est la loi de la vie cérébro-psychique : il ne change pas dans le cours de l'évolution vivante. On le retrouve très nettement dans le développement de l'être, soit qu'il s'applique aux sensations communes, soit qu'il concerne les fonctions plus hautes de la sensibilité qu'on nomme l'imagination et la mémoire.

Toute sensation *nouvelle,* c'est-à-dire qui n'a pas été déjà perçue, s'emmagasine dans le *sous-moi.* Elle y peut demeurer longtemps, indéfiniment, obscure et ignorée dans l'inconscience, ou surgir vivement, rapidement, à l'appel de l'attention, dans la conscience. Mais les sensations nouvelles abondent, s'accumulent à chaque ins-

tant de l'existence, et il est certain que la plupart n'arrivent pas au plein jour de la conscience et ne dépassent
pas le niveau de la subconscience, quand elles ne restent
pas enfouies dans l'inconscience. Il suffit de supputer
l'énorme quantité d'impressions diverses que reçoit par
jour le cerveau pour comprendre que la conscience doit
leur rester fermée, qu'elle ne pourrait les recevoir immé-
diatement sans trouble et sans fatigue. La plupart s'accumulent silencieusement dans le *sous-moi* comme dans
un vaste réservoir où elles restent à la disposition de l'esprit.

Une expérience facile, et de tous les jours, permet de
se rendre compte du phénomène. Avisez un enfant de
six à sept ans et faites-lui faire une promenade à travers
les rues et les places de nos cités. En route, il parle peu
et observe beaucoup, ouvrant largement les yeux et
jetant les regards à tous les horizons. De retour à la
maison, une sorte de reviviscence cérébrale se produit
aussitôt : toutes les impressions, reçues en bloc en quelque sorte sans la moindre élaboration, reparaissent avec
leurs détails, plus vives et plus présentes, se remémorent en un mot. L'enfant revit sa promenade, rappelle
ce qui l'a frappé, multiplie ses commentaires et surtout
ses questions. Comment expliquer ce revirement, ce retour
en arrière autrement que par le passage des impressions
des ténèbres de l'inconscience ou tout au moins de la
subconscience au plein jour de la conscience? Le jeune
promeneur a bien vu tout ce qu'il a vu, mais il n'a rien
analysé sur-le-champ; il a collecté toutes ses sensations
dans le *sous-moi*, où l'esprit recueilli les prend à son
heure et les soumet à un attentif examen.

Ce processus est si vrai que, pour maintenir dans
l'inconscience toutes les impressions, il suffit d'occuper
l'enfant au retour de la promenade, de le distraire

fortement, de l'appeler à de nouvelles impressions. La mobilité de l'esprit, dans le jeune âge, est si grande que l'on peut ainsi lui faire oublier pour longtemps, sinon pour toujours, des sensations auxquelles ne manquent ni la vivacité ni la nouveauté. Une seule circonstance est capable de les revivifier : c'est l'apparition de sensations semblables ou analogues, mais toujours pourvu qu'on laisse à l'attention le temps de s'appliquer ou de se ressaisir.

Toutes les facultés qui s'éveillent successivement à la faveur du développement psycho-cérébral ont un processus identique : elles commencent par s'exercer inconsciemment, mécaniquement, et ne participent nettement à l'esprit, à la conscience, que plus tard, quand elles ont tous leurs moyens d'action et leur plein exercice. Il nous suffira de citer ici, comme exemple caractéristique, la faculté du langage.

Nous ne parlons pas *de naissance,* c'est-à-dire d'instinct. Le langage exige un long apprentissage, subordonné qu'il est à l'exercice d'une de nos plus merveilleuses facultés, la *mémoire* (1). Il appelle toujours et nécessairement une double collaboration : celle de l'éducatrice, d'ordinaire la mère, et celle du petit enfant. L'action de ce dernier est évidente, nécessaire; mais à quoi servirait-elle si elle n'était pas provoquée et conduite par celle d'une intelligente et attentive maîtresse? Ici, comme pour tout, l'homme n'est ni une bête, ni une machine, c'est un *être enseigné :* il doit apprendre

(1) Ce rôle de la mémoire dans le langage est connu depuis longtemps, mais il a été surtout mis en relief par la découverte récente du *lobe de la mémoire* grâce aux beaux travaux du Dr Pierre Marie et à nos efforts personnels. Cf. nos articles de la *Pensée contemporaine,* décembre 1906, janvier, avril, mai 1907, et des *Etudes,* 5 novembre 1906.

lentement, péniblement, les éléments du langage, se former peu à peu à la pratique de la parole articulée.

Si cette condition essentielle de culture n'est pas remplie, si l'enseignement n'est pas donné, la mémoire ne se développe pas, le langage ne vient pas, ne s'ébauche même pas, l'enfant reste ignare et muet. Et, chose étrange, nous en avons la preuve. Tout rare qu'il soit, le cas n'est ni théorique ni problématique : il s'est vérifié en Allemagne. On y a vu un savant, peu soucieux de ses devoirs, plus infatué de sa science que pénétré de conscience, tenter la plus cruelle des expériences. Choisissant des enfants en bas âge, il les prenait chez lui et les séquestrait de longs mois sous la garde d'une vieille femme sourde-muette, en dehors de tout commerce humain. Le singulier personnage prétendait les soustraire à toute relation extérieure, à toute influence étrangère, et voir ce qu'ils deviendraient, livrés à eux-mêmes et abandonnés à l'éducation de la seule nature. Hélas ! ils restèrent ce qu'ils étaient en naissant, avec les seuls instincts de la bête, avec une sensibilité inculte et vide, ils ne savaient ni parler ni agir, ils étaient simples et comme idiots.

Cet essai de « psychologie expérimentale » est monstrueux, et l'opinion publique en a fait justice avant que le tribunal de Berlin ait puni, comme il le méritait, son coupable auteur. Mais, tout honteux qu'il soit pour l'humanité, il n'en démontre pas moins d'une manière irréfutable que le langage ne vient pas *tout seul* et qu'un véritable apprentissage est nécessaire pour le créer et le développer en chacun de nous.

Cet apprentissage met en jeu la mémoire. Il demande la coopération intime du *moi* et du *sous-moi*, le premier répondant aux sollicitations de l'éducatrice, recueillant attentivement son enseignement, le second se bornant à accumuler dans les centres cérébraux de la mémoire et du langage les mots et les images qui vont présider à l'exercice complexe de la parole articulée. C'est dire quelle somme énorme d'efforts il exige ! Il suppose toujours un exercice préalable de la sensibilité, l'établissement complet du *lobe de la mémoire* où le langage vient s'approvisionner et constituer ses réserves.

Le premier mot du langage est bien souvent émis devant l'enfant avant qu'il ne soit perçu, compris et répété. C'est qu'il doit d'abord se graver dans la mémoire, puis dans l'appareil des centres d'articulation. La mère ne se lasse pas dans ce fastidieux exercice : elle prononce lentement, itérativement, le mot, elle le redit à toute heure. Enfin l'enfant le retient, le possède; et bientôt, cédant à l'instinct d'imitation, il essaie de le répéter avec sa bouche, il le balbutie, il l'épelle plus ou moins exactement, jusqu'à ce que, par un exercice constant, il arrive à le prononcer nettement sans erreur : c'est la naissance de la parole qui ne fera plus que s'affirmer et grandir.

Tout le travail cérébral que nécessite l'émission de ce premier mot salué par la famille d'une joie triomphante appartient manifestement au *sous-moi*. C'est dans l'inconscience que se gravent les images, que se forment les associations de centres, que s'organise le complexe agencement de la parole.

Mais en même temps sur cette base nécessaire se greffe l'action du *moi* qui est encore timide, incertaine, mais va se perfectionnant rapidement. C'est lui qui répond aux instances répétées de son éducatrice, qui unit le terme indiqué à la chose signifiée et qui préside véritablement au langage dans sa formation comme dans son fonctionnement. Nous avons insisté plus particulièrement dans nos livres sur son rôle, parce qu'il est généralement diminué ou méconnu par les matérialistes, mais nous reconnaissons également celui du *sous-moi*. Les deux sont liés, solidaires et aussi nécessaires.

L'enfant met de l'hésitation à prononcer ses premiers mots : il est inexpérimenté. Mais, dès qu'il les tient, il les répète avec facilité et souvent à tout propos. Le verbiage automatique et machinal est fréquent dans le jeune âge : il est dû au *sous-moi* et a l'avantage d'exercer utilement les centres du langage et les organes vocaux. Mais laissez l'enfant grandir : il ne s'en tient pas longtemps à ce vain automatisme. Bien vite il met le *moi* en jeu, il s'attache à certains mots, ne les profère plus indifféremment et leur donne un sens. Ce sens n'est pas toujours exact : il pèche d'ordinaire par la généralité et, comme l'a dit justement Saint-Georges Mivart, tourne aux « universaux ». C'est ainsi que tous les hommes sont « papa », tous les volatiles des « cocottes », etc. L'auteur que nous venons de citer ajoute une très juste observation : « En fait, les mots n'engendrent pas les idées, *mais c'est tout le contraire qui a lieu.* Il est vrai que les enfants apprennent à prononcer des mots dont ils ne connaissent pas le sens; mais, en premier lieu, ils les apprennent de ceux qui les comprennent, et qui leur en font connaître par degrés la signification; et, en second lieu, nous ne savons pas à quel moment ils commencent à attacher un sens quelconque aux mots qu'ils apprennent, puisqu'ils font voir souvent d'une manière claire qu'ils ont des idées et des notions qu'ils cherchent à faire connaître, *avant* de pouvoir parler. Ils donnent des signes tout à fait certains de l'activité spontanée de leur intelligence encore en germe, comme tous les pères le savent (1). »

Plus tard, le grand rôle de l'esprit dans le langage est

(1) *L'Homme,* traduction anglaise, 1895, p. 197.

encore plus frappant, et tous les auteurs l'ont remarqué. L'enfant ne se contente pas des mots appris pour désigner les objets, il en forge d'autres : il forme des mots quelconques, étranges, baroques, en assemblant arbitrairement des syllabes, pour appeler les choses qu'il remarque et auxquelles il ne connaît pas de nom. Et l'on est tout surpris de l'originalité avec laquelle l'enfant joue du langage. Son esprit préoccupé de l'objet ne se sert de la parole que comme d'un instrument, et les termes lui importent peu pourvu qu'ils expriment ce qu'il veut dire. Il est clair que si le langage se confondait avec la pensée, les mots garderaient avec les objets une étroite et nécessaire relation ; ce qui n'est pas.

La double action du *moi* et du *sous-moi* se traduit ici d'une manière incontestable. Le *moi* préside à la parole et lui donne sa valeur ; le *sous-moi* n'est que subordonné. Les mots livrés par l'éducateur sont régis chez celui-ci par l'esprit, mais constituent chez l'élève des instruments vulgaires, de simples matériaux qui s'accumulent dans le cerveau. Toutefois l'esprit naissant de l'enfant a vite fait de les discerner, de les choisir, de les associer, et il s'en sert parfois avec une véritable originalité. La parole résulte du consensus harmonique de l'esprit et de la sensibilité. Le *moi* et le *sous-moi* y prennent une part égale ; et si le premier paraît antécédent, il ne faut pas oublier que son action a été préparée par le jeu de la sensibilité brute et commune qui, dès les premières heures de l'existence, a recueilli avidement les impressions du dehors et peuplé les centres cérébraux d'images. Le *sous-moi* demeure la base nécessaire de toute sensation consciente.

Les enfants sont avant tout des *êtres de sensibilité,* et le *sous-moi* y garde une maîtrise qu'il perdra heureusement plus tard sous l'influence grandissante de la raison.

Aussi la suggestion est-elle des plus puissantes, et c'est toujours à elle que s'adressent les parents et les éducateurs. L'exemple sert de règle à la conduite, mais il importe qu'il soit bon et approprié. On a souvent remarqué cet instinct d'imitation qui s'applique à tout et a tant besoin d'être surveillé et guidé. Malheur à ceux qui ne respectent pas l'enfance et lui donnent de mauvais exemples ! *Maxima puero debetur reverentia.* On ne doit jamais perdre de vue cette excellente maxime qui tient compte de l'excessive *impressionnabilité* des enfants.

En voici une preuve entre mille. Jouez avec un jeune garçon autour d'une table et cherchez à l'attraper. L'enfant se campe fièrement à l'autre bout et sait toujours maintenir les distances, il échappe grâce à sa souplesse et à son agilité. Comment en aurez-vous vite et facilement raison? Simplement en faisant appel à la sensibilité, en usant de suggestion.

Brusquement, au cours de la poursuite, vous vous écriez d'une voix autoritaire et forte : *Il est pris! Je le tiens!* L'enfant est aussitôt impressionné par votre affirmation. Il s'arrête ou court moins vite. Les mouvements sont moins précis, plus lents, la volonté diminue et s'annihile. Et l'enfant est pris sans difficulté. Le *sous-moi* a été impressionné violemment et, en paralysant l'énergie infantile, vous a donné la victoire.

N'est-ce pas la même action qui s'exerce dans la grande guerre sur les masses d'hommes armés, sur les bataillons les plus solides? La suggestion folle peut avoir raison du plus viril courage. La panique en est le lamentable résultat, et Dieu sait si elle est fréquente sur les champs de bataille. Les anciens combats à l'arme blanche n'auraient souvent pas eu d'issue, si les soldats n'eussent essayé d'impressionner l'ennemi par des démonstrations bruyantes. De grands cris, des vociférations aiguës en fonçant à la baïonnette paralysaient à distance les volontés et la résistance. Cette action suggestive n'est plus possible aujourd'hui que toute la guerre se fait au canon; mais même dans la guerre moderne l'imagination garde encore sa part, qui n'est pas contestable.

CHAPITRE III

Moi et sous-moi.

Chez l'adulte comme chez l'enfant, la vie psycho-céré-brale a pour composantes deux forces associées, quoique distinctes, le *moi* et le *sous-moi*. Commençons par l'étudier en pleine activité, à l'état vigil.

L'homme n'est pas toujours conscient de ce qu'il fait, de ce qu'il dit ni même de ce qu'il pense. Il lui arrive de dormir *tout éveillé,* tel le bon Homère. Quelque infatué qu'il soit de sa supériorité mentale, il se montre souvent inférieur à lui-même et, en dépit de son esprit, compa-rable à un vulgaire et grossier automate. Son intelligence n'est pas toujours à la hauteur de son rôle. Que de fois il subit des entraînements sensibles, des absences invrai-semblables, des abaissements indignes! Il se surprend dans des situations qui l'étonnent, l'humilient et le con-fondent, bien qu'il sache pertinemment l'extrême fai-blesse de sa nature. Il lui arrive d'agir comme un insensé : c'est rare. Il en vient à se conduire comme un enfant : c'est moins rare. Mais ce qui est plus fréquent et ne laisse pas d'être inconvenant et humiliant, c'est de parler sans avoir conscience de ce qu'on dit, c'est d'égre-ner des mots et des périodes sans les comprendre, c'est de répéter des propos, des formules, des théories qu'on a entendus sans se rendre raison de leur exactitude et de leur légitimité, en un mot c'est de parler *comme un perroquet.*

Encore ici, c'est un tour banal du *sous-moi,* qui, façonné

2

lentement et progressivement par le *moi,* en arrive à
fonctionner tout seul. A la faveur du moindre déclanchement, tout le mécanisme du langage part, se déroule
automatiquement : les mots s'ajoutent aux mots, les
périodes se succèdent sans heurt, avec une apparente
logique, mais la raison ne préside pas au discours, et
tout le mérite en revient au mouvement cérébral. Est-il
besoin d'observer que, si l'élocution se fait avec ordre et
mesure, c'est parce qu'elle a été primitivement formée
et réglée par l'esprit? Il n'y a pas de parole qui ne résulte
d'un long et laborieux apprentissage. Le *moi* en reste le
principe actuel ou ancien, le *sous-moi* n'en est que la
base.

D'ordinaire, l'esprit commande le langage et en sur-
veille le fonctionnement. Même alors il n'est pas toujours
présent et n'arrive pas toujours à empêcher les écarts de
l'automatisme. Que de circonstances où la langue fourche
ou s'égare dans des digressions qui non seulement ne
sont pas voulues, mais sont en opposition directe avec la
pensée ! Une fois mis en mouvement, le mécanisme cérébral ne s'arrête pas ; et le *sous-moi* opère en toute inconscience. De temps en temps, au cours de ce flux de paroles
qui ressemble à une brûlante coulée de lave, l'esprit
se ressaisit, rectifie les données, reprend la direction,
corrige après coup les erreurs, mais il ne tarde pas à
perdre le fil. Et le torrent reprend sa course hâtive, désor-
donnée, poussé par le mouvement cérébral. Nous pourrions citer bien des exemples de cette prédominance du
sous-moi dans l'élaboration de la parole ; mais rien ne
vaut l'expérience de chacun qui connaît l'intempérance
verbeuse et sait l'action prépondérante dont elle est cou-
tumière dans la vie commune des individus comme dans
la vie publique des peuples. Les désastreux effets du par-
lementarisme ne sont-ils pas là pour nous éclairer? Et

le pathos pompeux d'un Gambetta, le maître des rhéteurs, ne suffit-il pas à nous démontrer la toute-puissance des *mots* pour avoir raison des idées, de la raison et de la liberté d'un grand peuple?

Les progrès de la civilisation n'ont pas coïncidé avec ceux de la saine raison et de la vraie liberté. Jamais la piperie des mots n'a eu de plus insolents triomphes que de nos jours. Pourquoi? Plusieurs causes de nature très différente ont été attribuées à cet affligeant phénomène. On peut l'expliquer, ce nous semble, d'une manière assez plausible par la vie tourmentée de nos contemporains qui passe d'excitations en excitations et connaît à peine le repos de la nuit. Les impressions se succèdent, la sensibilité est en perpétuel éveil. Et, au contraire, la vie de l'esprit, la *vie intérieure,* est diminuée ou supprimée. Le *sous-moi,* façonné aux multiples exigences du monde, suffit à tout. Le *moi,* conscient et responsable, passe à l'état virtuel, tant on se préoccupe peu de ses besoins, de son existence même. L'âme spirituelle qui fait l'homme n'a plus sa prédominance d'autrefois, et l'existence de beaucoup se borne à la vie animale, agrémentée de tous les raffinements d'une sensibilité exigeante et insatiable.

Ce sont là des mœurs indignes de notre siècle. Notre honneur et notre devoir commandent d'y renoncer. Et le retour à la *vie intérieure* s'impose, si l'on veut restaurer la morale et rendre à l'homme le rang suprême qui lui appartient. Est-il si difficile au plus affairé des hommes de s'arracher chaque jour quelques instants à ses étroites préoccupations, au vain tourbillon du monde, pour vivre un peu avec son *moi* et penser à son âme? La méditation, l'examen de conscience, ne sauraient être négligés, parce qu'ils sont nécessaires. Tout homme qui pense doit réfléchir et, par un sérieux retour sur lui-même, se rendre compte de sa destinée, de ses devoirs, de sa vie même.

C'est là l'enseignement de l'Église; mais la saine philosophie ne manque pas de s'y ranger, parce qu'elle y voit un instrument de progrès psychique et comme une nécessité de notre nature.

Le *moi* et le *sous-moi* s'unissent et se mêlent continuellement dans notre vie commune. Leur connexion est si intime, si constante à l'état vigil, que nous ne savons pas la voir et la démêler; mais il suffit au philosophe d'un instant d'introspection pour la reconnaître. Et, de fait, la vie serait impossible si la volonté réfléchie n'avait pas pour base le vaste domaine de la sensibilité, si le conscient ne plongeait pas ses innombrables et vivaces racines dans l'inconscient.

Nous pensons et, en faisant acte d'intelligence, nous sentons très bien que tout n'est ni voulu ni conscient dans la trame complexe de nos opérations psychiques. Il y a, dans la pleine lumière de la conscience, ce que nous savons penser; mais plus loin, dans la pénombre, avec des gradations successives qui s'enfoncent jusque dans la nuit de l'inconscience, nous percevons une masse de pensées flottantes, imprécises, confuses. C'est le tréfond de notre vie psychique qui échappe absolument à notre volonté, et par suite à notre responsabilité. Et nous ne pouvons pas supprimer ce fond de notre être qui est souvent embarrassant et constitue une sorte de *poids mort*. Il faut s'en rendre compte et comprendre que le *sous-moi* est soustrait à notre action, précisément parce qu'il est le foyer actif de la sensibilité, la condition inéluctable de notre vie consciente. L'esprit a besoin de la matière, il en use, mais il ne s'y subordonne pas, au contraire il y base son légitime empire.

Tous les moralistes connaissent et enseignent cette nécessaire dépendance du *sous-moi* à l'égard du *moi*. Ils nous mettent sans cesse en garde contre les troublantes suggestions de la sensibilité brutale, contre les mauvaises pensées, contre les mauvais désirs, en un mot contre les tentations qui surgissent du *sous-moi.* Pourquoi? Parce qu'ils font un exact départ de ce qui est voulu et de ce qui ne l'est pas. Nous sommes responsables de ce qui est délibéré, nous ne le sommes pas de ce qui se passe en nous, *sans nous,* sans notre libre coopération. Et, comme nous ne pouvons pas séparer le *moi* du *sous-moi,* il faut bien distinguer ce qui appartient à l'un et à l'autre, séparer ce qui est conscient et volontaire de ce qui ne l'est pas.

Une pensée se soulève du fond de l'inconscient. Nous ne pouvons pas lui échapper, nous devons la subir. Mais nous sommes libres de nous y attacher et de la faire nôtre, ou au contraire de ne pas l'accepter et de la rejeter. Nous n'en sommes responsables qu'autant que notre raison y adhère. Il n'y a pas lieu de s'inquiéter de telle pensée mauvaise, de telle idée malsaine, tant que notre conscience éveillée la déteste, tant que notre volonté refusant de s'y arrêter la dédaigne ou la repousse.

La sensibilité n'est pas libre, mais l'intelligence qu'elle conditionne ne l'est pas davantage : voilà ce qu'il ne faut jamais oublier. Nous pensons comme nous pouvons, et non comme nous voulons. Devant notre conscience surgissent incessamment et en grand nombre des pensées que portent les images cérébrales et qui n'ont rien de libre ni de spontané. Il s'en faut que toutes soient marquées au coin de la raison, de la vérité et de la vertu. Que d'idées folles, baroques, sont évoquées au cours de notre pensée! Que de suggestions troublantes, mauvaises, criminelles! Toutes sortent du fond de notre inconscience et ne sauraient nous être imputées à mal, tant que nous n'en sommes pas participants.

Il faut l'avouer sans honte, le torrent d'idées qui se

2*

précipite dans notre cervelle en travail renferme des
scories sans nombre, des impuretés de toute sorte; et il
est nécessaire de savoir que nous n'en sommes pas absolument maîtres. Elles sortent des bas-fonds de notre
nature déchue et sont toujours détestables. Ce n'est pas
seulement le cœur du scélérat qui renferme d'effroyables
noirceurs, un abîme d'iniquités, c'est celui de tout
homme, comme l'a dit dans une page célèbre Joseph de
Maistre : « Je ne sais pas ce que c'est que la vie d'un
coquin, je ne l'ai jamais été, mais celle d'un *honnête*
homme est abominable! » Nous sommes tous à la même
enseigne en ce qui concerne le fond de notre sensibilité,
nous nous distinguons seulement par le *moi* qui fait de
nous des êtres conscients, libres et responsables, des honnêtes gens ou des misérables.

Le *sous-moi* est donc un élément important de la vie
psychique normale, un facteur dont il faut tenir compte.
Ceux qui s'abandonnent à son empire au lieu de le subordonner au *moi* sont légion dans le monde, ils n'en restent
pas moins coupables d'une faute qui revient plutôt à la
faiblesse et à la légèreté qu'à une froide résolution. Mais
ce ne sont plus des *hommes* dans la belle expression du
mot, ce sont de pauvres esclaves des sens.

L'attention est nécessaire pour gouverner le vaste domaine des images inconscientes et pour en tirer une
pensée mûre et réfléchie, en un mot pour rester maître
de soi (*compos sui*). Mais on ne peut nier qu'elle exige
un pénible et laborieux effort et qu'elle est exposée,
même chez les meilleurs, à des défaillances, à des absences. Sans doute, les bonnes habitudes donnent une
droite direction aux mouvements de l'automatisme cérébral et sont un précieux adjuvant de la vertu; mais il
faut compter avec les brusques soulèvements, avec les
troublantes suggestions de la sensibilité. Nul n'est ga-
ranti contre de tels écarts.

CHAPITRE IV

Distraction.

L'attention est l'arme de la raison et le témoignage de notre volonté. C'est grâce à elle que le *moi* et le *sous-moi* vivent en parfait accord et en étroite collaboration. Elle donne à la raison l'empire nécessaire sur la sensibilité.

Si l'attention diminue et se relâche, si la volonté n'est plus en éveil, la sensibilité qui ne se repose pas peut agir et, comme on dit vulgairement, *faire des siennes*. C'est particulièrement le cas de cet état psychique si fréquent dans notre vie journalière qu'on nomme la *distraction*.

« Nous disons qu'un homme est distrait, écrit M. Pierre Janet, quand il ne voit pas, n'entend pas ce qu'il devrait voir et entendre, quand il accomplit des actes qu'il n'aurait pas consenti à accomplir, s'il les avait connus complètement (1). » La définition n'est ni claire ni complète. Le distrait voit, mais *ne regarde pas;* il entend, mais *n'écoute pas*. La différence est essentielle et causée par l'absence de l'*attention,* qui est comme on le sait l'application de la volonté (2).

L'attention n'est pas totalement supprimée chez le distrait, mais elle s'y résume et s'y concentre *en un seul point*. Tout le reste de l'activité cérébro-psychique est abandonné aux caprices des sens. « La distraction,

(1) *L'Automatisme,* p. 461.
(2) Cf. Dr Surbled : *La Volonté,* Sueur.

observe très justement Arcelin, ne supprime ni la sensation, ni l'activité; elle les fait passer du domaine de la conscience dans celui de l'inconscient (1). » En d'autres termes, le *moi* s'isole dans une introspection particulière, se fixe dans une sorte de *monoidéisme ;* et le *sous-moi* prend l'empire à la faveur de cette abdication de l'esprit qui s'abstrait et se perd. L'automatisme a le champ libre, et il en abuse pour exercer sa fantaisie et jouer de véritables tours à l'âme raisonnable.

Les exemples de distraction abondent dans l'histoire, et il est impossible de scruter le passé de chacun sans en rencontrer de saisissants et innombrables traits. Citons-en quelques-uns.

Le plus connu est celui du mathématicien Archimède. Trouvant, pendant son bain, le fameux principe d'hydrostatique qui porte son nom, il sort aussitôt de l'eau et court tout nu par les rues de la ville en criant à tue-tête : « *Eurèka! Eurèka!* J'ai trouvé ! J'ai trouvé ! » La joie de la découverte combinée avec la réflexion profonde et exclusive qui l'y avait conduit lui faisait oublier les règles de la bienséance. L'inconscient lui jouait un mauvais tour.

Il amena plus tard sa mort tragique, au rapport de Tite-Live. C'était au siège de Syracuse. Archimède, absorbé par un problème ardu de géométrie, ne se rend pas compte que la ville est prise d'assaut, que les ennemis envahissent les maisons. Un soldat pénètre jusqu'à lui, veut le tuer, et le malheureux savant ne songe même pas à se défendre contre ses coups, se bornant à lui crier : « Ne dérange pas les cercles que j'ai tracés sur le sable ! » La préoccupation de ses calculs primait tout, jusqu'au soin de sa vie. L'inconscient avait détrôné

(1) *Dissociation psychologique,* p. 154.

la conscience à la faveur d'une excessive distraction.

Xavier de Maistre est célèbre à ce point de vue. Il raconte (1) le tour que la bête, c'est-à-dire le corps, joua un jour à l'*âme* spirituelle. Il avait peint toute une matinée et se proposait d'aller à la cour. Toute pleine de l'occupation précédente, l'âme « laissa à la *bête* le soin de le transporter au palais du roi. Or, pendant que son âme était comme perdue dans ses réflexions sur la sublimité de l'art pictural, l'*autre* (la bête) allait son train, et Dieu sait où elle allait. Au lieu de se rendre à la cour, comme elle en avait reçu l'ordre, elle dériva tellement sur la gauche qu'au moment où mon âme la rattrapa, elle était à la porte de Mme de Hautcastel, à un demi-mille du palais du roi. » Évidemment il s'agit ici d'un automatisme inconscient. M. de Maistre allait *où il ne voulait pas.* « C'était bel et bien son moi inconscient, dit très bien M. de Kirwan, qui, sous l'influence sans doute d'une tendance antérieure, avait dirigé automatiquement ses pas de ce côté, alors que son attention était absorbée par une tout autre préoccupation (2). »

Ampère allait un jour à la campagne à cheval, pensant à un difficile problème. Au cours de sa route, il met machinalement pied à terre tout en tenant sa monture par la bride, mais bientôt lâche la bête sans s'en apercevoir et rentre seul au logis. On lui fait observer qu'il a perdu son cheval; il ne s'en doutait pas. Sa distraction était telle qu'il perdait tout, sauf sa tête. Pour ne pas égarer ses manuscrits, il avait fini par se les attacher autour du corps. « Un jour, raconte Legouvé, que nous allions ensemble au château de Gurcy, chez Mme d'Haussonville, je le vis arriver à la gare portant autour du

(1) *Voyage autour de ma chambre,* c. VII.
(2) *Quelques observations sur la dissociation,* p. 24.

corps une ceinture d'où pendait une chaîne qui allait aboutir à un sac, lequel sac renfermait ses papiers, auxquels il était ainsi attaché comme s'il avait été rivé. Cela lui donnait une petite façon de forçat, dont il riait le premier (1). »

Une autre fois, le même savant passait rapidement dans la rue, préoccupé toujours de ses problèmes. Un fiacre arrêté devant une porte se trouve sur sa route. Il se pose derrière sa capote, et, s'en servant comme d'un tableau, il se met tranquillement à y tracer avec un morceau de craie des figures et des équations. Le moment arrive où le fiacre se charge de nouveau de son voyageur et reprend sa marche. Notre homme le suit docilement en continuant d'y inscrire ses calculs.

Élu membre de l'Institut, il fut invité à un grand dîner chez le grand maître de l'Université, M. de Fontanes. On lui fait croire qu'il doit y aller en uniforme d'académicien. Dès son arrivée, il a conscience du mauvais tour qu'on lui a joué : il est seul en uniforme, et il se trouve si gêné, si ridicule, qu'il veut au moins se débarrasser de son épée qui se prend dans ses jambes.

Il la décroche avec peine et va la cacher sur un canapé, derrière un coussin. Le dîner se passe sans incident. Le savant, remis de son embarras, cause un peu, sort gaiement de table et va s'accouder près de la cheminée. Il s'y absorbe si bien dans ses calculs que le salon se vide sans qu'il s'en aperçoive. Il reste seul, vis-à-vis la maîtresse de maison, Mme de Fontanes, qui respecte scrupuleusement les pensées de son invité.

Enfin Ampère revient à la réalité, voit qu'il est seul et pense à reprendre son épée d'académicien, pour se retirer au plus vite. Mais, hélas ! Mme de Fontanes

_____

(1) *Soixante ans de souvenirs*, t. I, p. 328.

est assise sur le canapé et elle dort profondément.

Le savant n'hésite pas, il se met à genoux devant la dormeuse et, lentement, délicatement, s'efforce de reprendre sans bruit son épée. Il tient fortement la garde, et, toujours délicatement, cherche à la dégager... L'épée vient enfin, mais sans le fourreau. Il pousse malgré lui un cri de désespoir, et voilà Mme de Fontanes réveillée en sursaut qui crie et s'affole en voyant à ses pieds un homme, l'épée à la main.

On accourt, et M. de Fontanes vient le premier en robe de chambre et bonnet de coton. Tout s'explique, et le pauvre Ampère s'en va avec son épée et sa confusion.

On cite de Newton un trait encore pire. Aimant une jeune fille, qu'il épousa d'ailleurs plus tard, il alluma sa pipe en causant avec elle et lui prit la main. C'était l'instant des tendres aveux. La jeune fille du moins le pressentait souriante; mais la pipe ne marchait pas, et Newton, tirant de fortes bouffées, se mit nerveusement à la bourrer.

Horreur ! La pauvre fille n'eut que le temps de s'enfuir en poussant des cris. Newton avait pris un de ses doigts pour bourrer sa pipe.

Un savant mathématicien, Sturm, eut un jour à parler, à son cours, d'un problème auquel on avait attaché son nom.

— Je dois maintenant, Messieurs, vous parler du problème... *dont j'ai l'honneur de porter le nom.*

Babinet n'était pas moins distrait. Un jour, il visite une maison de campagne, en paye le loyer d'avance et, rentré chez lui, ne se rappelle plus ni le nom de la localité, ni celui de la gare desservante.

Les philosophes ne sont pas plus que les mathématiciens à l'abri de ces écarts. Hegel travaillait paisiblement, mettant la dernière main à sa *Phrénologie de l'esprit*, à

Iéna, le 14 octobre 1806, sans se douter que la bataille se livrait furieuse à sa porte.

Les artistes sont sujets au même désagrément, accaparés qu'ils sont par l'inspiration. Beethoven, absorbé par l'imagination créatrice, sortit un jour à Neustadt à peine vêtu et, pris pour un vagabond, fut appréhendé et conduit en prison.

Mais à quoi bon chercher dans l'histoire, et chez les hommes célèbres, des exemples de distraction? Est-ce que le vulgaire ne tombe pas dans ce défaut? Est-ce que nous n'y sommes pas tous sujets? Il arrive journellement par exemple qu'on cherche partout anxieusement sa plume ou ses lunettes, alors que l'on a depuis longtemps l'une sur l'oreille, les autres sur le nez. La seule différence entre les hommes est que les uns — le grand nombre — sont distraits *par occasion* et que les autres le sont d'ordinaire et comme par habitude. On connaît l'histoire de ce professeur de séminaire qui, en pleine récréation, est pris d'un besoin pressant, et court se satisfaire. Il dépose son bréviaire, et, quelques instants après, croyant le reprendre, saisit machinalement le couvercle des cabinets et rentre au milieu de ses élèves en le tenant précieusement sous son bras. De formidables éclats de rire arrivèrent seuls à convaincre le professeur de sa méprise.

Cette étourderie était ridicule, et les enfants s'en amusaient. Mais eux-mêmes ne sont-ils pas perpétuellement sujets au même défaut? L'attention est volage, instable, et laisse d'ordinaire libre jeu à l'inconscient. La plupart des fautes du jeune âge sont imputables à la légèreté.

Adultes, ne sommes-nous pas à certains égards très enfants sur ce point? L'automatisme n'est-il pas la règle de la plupart de nos actions? Ne préside-t-il pas à nombre de pensées? Sommes-nous toujours conscients et raisonnables? Bien imprudent serait celui qui oserait le prétendre, car on arriverait vite à lui opposer des arguments *ad hominem* et à le convaincre de son illusion ou plutôt de son erreur. Toutefois il est juste de reconnaître que, si le *sous-moi* s'abandonne à des écarts, le fil qui l'unit au *moi* n'est pas rompu, mais seulement très relâché. Il suffit du moindre effort d'attention pour que l'esprit ressaisisse les rênes et ramène le *sous-moi* dans l'obédience du *moi*. C'est une différence essentielle qui n'est pas marquée par les auteurs et dont il nous paraît bon de prendre note.

La *rêverie* est un de ces états de relâchement ou de désagrégation partielle de la vie encéphalique qui mettent l'imagination en branle, le *sous-moi* en liesse, sans le contrôle et la direction de la froide raison. L'automatisme en est la loi; mais l'esprit reste toujours libre d'y mettre un terme, et de fait il arrive souvent qu'il use de son pouvoir pour refréner et arrêter les écarts dangereux. Preuve nouvelle que le *sous-moi* et le *moi,* quoique soumis à un certain éloignement, ne sont pas complètement séparés et peuvent toujours se rejoindre.

Qui de nous n'a pas souvent rêvé, qui est certain de repousser toujours les sollicitations de la « folle du logis »? On est porté, dans le silence du cabinet, à tête reposée, avec le cœur en paix, à se croire à l'abri des vaines rêveries. Mais qui pourrait y échapper sûrement toujours avec les mille suggestions du dehors, dans le bruyant tourbillon du monde, ou même avec les insidieuses suggestions du dedans, sous les coups d'une passion violente? D'ailleurs, la tension de l'esprit, même chez les plus intellectuels, ne tarde pas à devenir pénible, fatigante, obsédante, et appelle en quelque sorte le repos réparateur, c'est-à-dire la mise en jeu d'une imagination facile et sans effort. « Combien de personnes, observe Arcelin, par amour du repos, du doux repos, lâchent la

bride à leur imagination, cette folle si difficile à gouverner, suppriment l'effort et s'abandonnent à la rêverie ! » La
rêverie est un état conscient dans lequel on se plaît à
suivre les représentations plus ou moins chimériques qui
se présentent spontanément à l'esprit. « La pensée, dit
Victor Hugo, est le labeur de l'intelligence. La rêverie
en est la volupté. » Pourquoi? Parce qu'elle constitue
une détente utile à tous, nécessaire à plusieurs.

La rêverie se passe dans un état qui n'est plus la pleine
conscience et qui confine à la subconscience. Elle repose
du travail, comme elle est aussi parfois une salutaire préparation au pénible labeur. Mais elle veut être étroitement surveillée sous peine de nous conduire à de fâcheux
accidents, à l'illusion, à l'hallucination, au rêve. L'imagination est une fée dont il faut se défier : on ne doit pas
l'accepter sans réserve, ni la croire sur parole. « L'illusion, dit très bien Arcelin, est un des pièges que nous
tend l'imagination. Prendre une chose pour une autre,
dénaturer un fait en y ajoutant consciemment des détails
imaginaires, sous l'influence d'une idée préconçue, cela
ne s'observe que trop souvent. C'est ce qui rend si fra-
gile et si suspect le témoignage humain. Demandez à un
magistrat ce qu'il en pense. Interrogez un savant sur le
degré de confiance que lui inspirent les expériences de
ses collègues, avant qu'il les ait contrôlées, et vous serez
édifié sur le rôle de l'illusion dans la vie pratique. On
peut étudier ses effets dans leurs manifestations élémentaires en provoquant chez un sujet des excitations très
faibles, que l'on change tout à coup sans le prévenir. Le
sujet attribue à la sensation nouvelle les caractères de la
première. Il est suggestionné. Il prendra, par exemple,
de l'eau claire pour de l'eau sucrée qu'on lui avait fait
goûter auparavant. » La suggestion, ici comme toujours,
n'est possible qu'à la faveur d'un amoindrissement de

la volonté; et c'est pourquoi elle est si facile et si fréquente chez les nerveux et les hystériques qui se distinguent par l'*aboulie*.

La distraction (ou même la simple inattention) a pour chacun de nous des effets funestes, des conséquences redoutables. La plupart des accidents dont nous sommes victimes lui sont dus. C'est en maniant tel ou tel outil que nous nous blessons sans y prendre garde : l'attention manquait, on n'a pas eu l'œil averti, et l'accident est survenu. On traverse une rue sillonnée par des véhicules de tout genre, et *on a l'esprit ailleurs* ou on est pressé : on agit avec précipitation ou sans précaution, et on tombe sous les roues d'un fiacre ou d'une auto. C'est là une imprudence qui est des plus fréquentes. Elle n'est pas toujours fatale parce que sous l'imminence du danger le *moi* se ressaisit parfois, fait exécuter vivement un pas en arrière ou un pas en avant et nous sauve la vie.

Le *sous-moi* n'est pas seulement cause de multiples imprudences, il détermine parfois aussi de véritables folies. Tel qui s'est mis par erreur dans un train rapide le voit passer sa gare sans s'arrêter et, sous la seule idée irréfléchie qu'il est à destination, se précipite de son wagon en marche au risque de tomber sous les roues. Tel autre, plus prudent mais non plus raisonnable, saisit avec rage la sonnette d'alarme, comme si son propre intérêt primait celui de tous les autres voyageurs. Qui n'a été témoin dans nos villes d'autres traits émouvants dus toujours aux incartades du *sous-moi?* C'est un monsieur qui, dans le métro, perd sa canne et qui se précipite aussitôt sur la voie pour la retrouver sans penser un instant qu'il va au-devant d'un écrasement ou d'une électrocution. C'en est un autre qui se voit décoiffé par un coup de vent sur une impériale et fait, pour rattraper son chapeau, un mouvement insensé dans le vide, qu'arrêtent heureusement à temps des voisins plus avertis et plus raisonnables.

Les circonstances sont parfois moins dramatiques et plus plaisantes. Le *sous-moi* livré à lui-même accuse une lamentable sottise, provoque des actes sans logique, sans raison. Citons-en un exemple qui n'est pas rare. Deux dames arrivent à une gare de banlieue. On signale un rapide qui n'arrête pas. Elles le voient venir, passer comme une flèche; et, loin de se contenir, elles marchent plus vite, elles courent, elles se précipitent, comme si elles avaient chance de monter et de prendre place. Cette ridicule conduite n'est pas justiciable du *moi,* elle est le fait du *sous-moi* plein d'irréflexion et d'habitudes automatiques. Mais elle est singulière, et elle a le don d'égayer la galerie.

CHAPITRE V

Habitude.

L'automatisme qui préside aux distractions et gouverne la rêverie joue aussi un grand rôle dans nos actes habituels, qui sont, il ne faut pas l'oublier, nos actes ordinaires. L'habitude devient vite, chez chacun de nous, une seconde nature; et nous serions bien malheureux si elle ne gouvernait pas notre vie quotidienne.

Nous ne saurions entreprendre ici l'étude détaillée des formes si variées de l'automatisme; nous nous bornerons à quelques exemples pris au hasard.

Nous emprunterons le premier au langage. Chacun de nous — le fait est d'observation courante — a une manière de parler qui lui est propre et dont il lui est bien difficile de se séparer; chacun a ses formules spéciales, stéréotypées en quelque sorte, qui sortent manifestement du *sous-moi,* de la cérébration inconsciente, où elles ont été originairement inscrites et gravées pour toujours. Des phrases toutes faites, des mots à part reviennent à tout instant dans la conversation et constituent notre manière d'être, notre caractéristique, sans que nous en ayons toujours une exacte conscience. On connaît des personnes qui répètent avec une insistance comique : « Sans doute, sans doute », ou « Assurément », ou « Évidemment », au lieu de s'en tenir au simple « Oui ». Des peuples entiers sont sujets à ce genre fastidieux de répétition : tels les Belges avec le perpétuel « Savez-vous » dont ils coupent leurs phrases. Il y a des gens qui embarrassent leur conversation de phrases plus ou moins longues et complètement inutiles : tel celui qui ne peut dire un mot sans ajouter aussitôt : « Si je puis m'exprimer ainsi. » Des orateurs souvent exercés ont encore la singulière manie de terminer chacune de leurs périodes par un « Bien » ou un « Oui » sourd et discret, mais fatigant et énervant par son obsédante monotonie. Ce sont toujours là des habitudes du langage qu'il faut attribuer au *sous-moi* et qu'il est bien malaisé de déraciner.

Mais, ne l'oublions pas, ces habitudes ont été créées à l'origine par notre volonté, par une éducation vicieuse. Elles dérivent du *moi* qui peut toujours, par un généreux effort, par une rééducation sensible, les faire complètement disparaître. L'inconscience ne procède pas de la conscience, mais elle en est la condition nécessaire. Il n'y a pas de conscience sans substratum sensible, et cet « œil de l'âme » garde sur toute la sensibilité une autorité incontestable, une supériorité évidente.

Ce n'est pas l'avis des matérialistes. Ils estiment que l'inconscience, sortie de la conscience, constitue sur elle un progrès, un perfectionnement. Maudsley même ne craint pas d'affirmer que la conscience est superflue, inutile : l'homme ne serait pas une moins bonne « machine intellectuelle » sans elle qu'avec elle. Moins radical, Herzen se contente de conclure à l'infériorité de la conscience. « La réduction d'un processus psychique simple à l'automatisme, dit-il, est *la condition du développement mental.* » Et il ajoute : « Le processus mental conscient trahit une *imperfection* de l'organisation cérébrale (1). »

La conscience est assimilée à un manœuvre grossier et inexpérimenté qui pétrit les matériaux de la pensée

(1) *Le Cerveau et l'activité cérébrale,* p. 267-268.

et les donne plus ou moins élaborés à l'inconscience, *seule capable de les utiliser* : ses actes incessamment répétés deviennent automatiques, inconscients, et passent ainsi au domaine supérieur de l'intellect. Il faut lire Herzen pour suivre cette laborieuse transformation, je ne dis pas pour la comprendre. « Si les processus psychiques, écrit-il, qui aujourd'hui sont conscients, deviennent automatiques demain, *loin de perdre pour cela toute conscience, nous aurons une conscience plus vive que jamais, mais son contenu sera une autre;* elle n'abandonnera les actes psychiques qu'elle accompagne maintenant et qui nous semblent fort complexes, que lorsqu'ils nous sembleront fort simples, et cela pour accompagner des actes plus complexes, des idéations plus abstraites, des acquisitions d'un ordre plus élevé. L'écolier est conscient des chiffres isolés ou des opérations élémentaires qu'il doit apprendre, mais il n'a aucune idée des problèmes mathématiques plus élevés. L'étudiant n'est plus conscient de ces opérations élémentaires, elles s'accomplissent instantanément et automatiquement dans son esprit, mais il est conscient des calculs plus complexes, des problèmes de l'arithmétique raisonnée et de l'algèbre qu'il est en train de digérer et d'assimiler; il ignore cependant l'existence des problèmes des hautes mathématiques : ils sont lettre close pour lui. Le mathématicien enfin exécute en un clin d'œil, inconsciemment, les calculs les plus complexes, et manie les formules *comme le pianiste manie les touches de l'instrument;* sa conscience n'est éveillée que par les problèmes les plus ardus des hautes mathématiques (1). »

Voilà le mécanisme cérébral, inconscient et automatique, voilà qui rend compte des immortels travaux d'un

(1) *Op. cit.,* p. 270-271.

Pascal ou d'un Euler ! Nos grands mathématiciens n'étaient que de *parfaits automates,* de vulgaires *pantins* dont l'inconscience tenait et maniait les fils. Au contraire, les premières additions de tout écolier sont la manifestation d'une intelligence sûre d'elle-même. Quand il dit : 2 et 2 font 4, il est véritablement transcendant, il manifeste une supériorité éclatante sur le mathématicien incapable d'en faire autant avec conscience. Les actes psychiques perdent leur valeur et dégénèrent en se répétant; et les célébrités que la renommée a consacrées sont non pas, comme on le croyait, des intelligences d'élite, mais bien de vulgaires mécaniques, ignorantes de leurs actes et susceptibles de radotage.

Cette conception des facultés supérieures de notre nature est basée sur une théorie préconçue, nullement sur les faits. Elle est si bizarre, si contradictoire, si fausse, que tous les matérialistes n'ont pu se résoudre à l'accepter. Plusieurs l'ont énergiquement combattue, et l'un d'eux, Lewes, l'a fait en très bons termes : « Supposer, écrit-il, que grâce à de fréquentes répétitions les actes psychiques deviennent physiques, conduirait à la conclusion *monstrueuse* que lorsqu'un naturaliste, à force de travail assidu, s'est rendu maître de tous les caractères spécifiques d'un animal ou d'une plante et peut les reconnaître au premier coup d'œil, la rapidité et la certitude de son jugement prouvent que ce jugement est un acte mécanique et non un acte mental. *L'intuition avec laquelle un mathématicien voit la solution d'un problème serait un processus mécanique,* tandis que la lente et maladroite hésitation d'un novice en présence de ce même problème serait un processus mental; la perfection de l'organisme coïnciderait avec sa dégradation au niveau d'une machine (1) ! »

_____

(1) *La Base physique de l'esprit.*

Malhèureusement, peu de savants partagent la noble
et juste indignation de Lewes. Là plupart s'en tiennent
à l'enseignement matérialiste de l'École et citent, à la
suite de Herzen et pour appuyer la thèse, le fait « qu'un
musicien, qui a péniblement appris les mouvements variés
et délicats qu'il est obligé d'exécuter, avec une vive conscience de chacun d'eux, pendant la période d'apprentissage, *finit par jouer les morceaux les plus difficiles sans
que ses mouvements,* dont le mécanisme est alors définiti-
vement organisé, *occupent un seul instant sa conscience;*
c'est même là une condition absolue de ses progrès et de
sa virtuosité finale, et sans cela il n'arriverait jamais à
jouir de la musique ni à la faire goûter aux autres (1) ».

Cet argument du *joueur de piano* qu'on nous oppose
sans cesse est-il valable? Savants et philosophes l'accep-
tent de confiance, le croient convaincant et irrésistible,
dans le camp matérialiste et même dans le nôtre. Nous
en avons fait une longue étude naguère (2) et nous avons
nettement établi que l'exemple choisi est malheureux
pour la thèse qu'il prétend servir.

Voyez, nous dit-on, le pianiste à l'œuvre. Ses doigts
agiles volent sur le clavier, actionnent les touches en
tous sens avec autant d'aisance que de rapidité. L'intelligence et la volonté n'ont aucune part à cet exercice.
Bien mieux, ajoute-t-on, l'attention et la réflexion, en
intervenant, seraient nuisibles, elles auraient pour effet
d'arrêter ou de ralentir les mouvements, de troubler le
jeu, de compromettre l'exécution. Tout se réduit à une
mécanique savante, composée de réflexes inconscients :
les merveilles de l'art qui nous étonnent et nous char-
ment sont dues au *seul* fonctionnement cérébral, et le

_____

(1) *Op. cit.,* p. 267.
(2) *L'Automatisme psycho-cérébral (Science catholique,* 15 octobre 1893).   **3***

morceau est d'autant mieux *rendu* que l'automatisme
est plus complet.

Que d'objections victorieuses se dressent devant cette
belle théorie! Comment la musique, le plus *spirituel,*
quelques-uns ont dit : le plus divin des arts, pourrait-
elle se réduire à un mécanisme physique? Comment les
plus pures symphonies naîtraient-elles d'un grossier
assemblage de réflexes? Que deviendrait le feu sacré, et
où passerait l'âme des artistes? D'ailleurs, si le jeu du
piano est du seul ressort de l'automatisme, pourquoi
l'animal ne s'y prête-t-il pas par une éducation savante?
Un singe musicien ne serait-il pas préférable à l'automate joueur de piano d'un Vaucanson, et son cerveau
n'est-il pas l'analogue du nôtre? Enfin, pourquoi tant
d'enfants normalement constitués sont-ils réfractaires à
l'art, rebelles à toutes les leçons? Pourquoi les vrais
artistes sont-ils si rares?... Mais ne confondons pas les
genres et, pour procéder avec ordre à l'examen de la
question, étudions le jeu du piano à ses différents degrés.

Il y a pianiste et pianiste, comme il y a fagot et fagot.
Les grands artistes, ceux qui sont doués du génie musical,
se distinguent à part, dans une sphère supérieure à la
nôtre, et nous ne supposons pas qu'on veuille les ranger,
eux aussi, au nombre des automates. Il y aurait, semble-
t-il, injure grave et comme une sorte de profanation à ne
voir qu'un mécanisme brutal dans le jeu délicat et sûr
qui répond à leur inspiration. Leur talent ne se rabaisse
pas au niveau de la capacité d'un manœuvre : il s'élève
à la hauteur de l'idéal sublime qui le nourrit. Quand un
Beethoven, un Gounod, s'installent au piano et que,
s'abandonnant à leur inspiration, ils poursuivent le thème
de leurs créations harmoniques, on sent qu'ils font corps
avec l'instrument et qu'ils animent en quelque sorte les
cordes mêmes : on dit alors, par une métaphore hardie

mais juste, que *l'âme passe dans les doigts*. Certes, ces grands artistes n'obéissent pas à leur cerveau, ne sont pas esclaves de leurs organes, mais tout obéit à leur âme, depuis les cellules nerveuses jusqu'aux muscles, depuis le cerveau jusqu'aux touches d'ivoire. Et les conceptions musicales de l'âme sont si vastes, si puissantes, que trop souvent les nerfs, les muscles, l'instrument, sont inhabiles ou impuissants à les traduire. L'esprit, dans ses coups d'aile, dépasse vite la nature, domine de haut la matière. Le musicien, débordant d'inspiration et incapable de l'exprimer sensiblement, s'arrête parfois dépité au milieu de son œuvre, se trouble et s'irrite des obstacles qui arrêtent, malgré lui, l'essor de l'idéal : on le voit même pousser la colère jusqu'à briser le pauvre archet ou l'élégant clavecin et à les rejeter loin de lui comme des serviteurs mauvais et coupables.

Le jeu d'un maître est personnel, original, et on ne saurait le comparer ni le confondre avec un autre. Les connaisseurs le devinent, sans le voir, à des signes presque imperceptibles, à des détails infimes, à des *nuances* qui ne trompent pas. Comment ce jeu merveilleux résulterait-il de l'inconscience? Étrange automatisme en vérité que celui dont l'appareil est toujours invariable, mais dont les effets varient à l'infini suivant les individus et en proportion des talents !

Il y a mieux. L'automatisme supposé d'un joueur éminent devrait nécessairement exiger un apprentissage laborieux, puis subir un progrès croissant et se perfectionner avec les années : on ne conçoit pas un mécanisme réflexe surgissant tout à coup dans une cervelle, produisant instantanément des résultats splendides et se maintenant identique à lui-même pendant le cours d'une existence. Or, l'histoire des musiciens révèle une contradiction flagrante, radicale, avec ces exigences de la

théorie matérialiste. On ne devient pas musicien, ni surtout artiste de génie par la gradation lente des travaux
et des ans : *on naît musicien* comme on naît poète. Pour
ne citer qu'un exemple caractéristique, à quatre ans
Mozart tenait admirablement le clavecin, à six ans il
exécutait les morceaux les plus difficiles et déchiffrait
tout ce qu'on lui présentait, à quatorze ans enfin, c'était
un maître reconnu et admiré. On voit souvent des auteurs
débuter tout jeunes encore par un coup de maître : un
travail remarquable leur conquiert la renommée, leur
donne le premier rang, et *ce chef-d'œuvre reste le seul;*
la sève musicale, qui s'était si heureusement épanouie
dans un magnifique succès, se trouve comme tarie et ne
donne plus, au cours d'une vie plus ou moins longue,
que des fruits estimables, mais secondaires. Ce sont là
des faits presque journaliers qui prouvent l'imprévu ou,
pour mieux dire, la spontanéité du talent et qui ne sauraient cadrer avec le mécanisme.

Les artistes de génie sont une brillante exception. N'insistons pas davantage sur leur cas et arrivons à celui
des pianistes communs. Là, du reste, est le nœud de la
question.

On a vu plus haut comment les matérialistes la posent.
Ils admettent l'inconscience complète, absolue, du joueur
de piano. Nous estimons au contraire que l'habitude,
quelque grande qu'elle soit, *ne va pas sans conscience.*
Ce qui distingue précisément l'habitude de l'instinct
(avec lequel on s'efforce en vain de la confondre), c'est
que, créée par la volonté, elle reste toujours sous son
influence, qui s'affaiblit, renaît et grandit en des transitions insensibles. Nos actes habituels *paraissent* inconscients, mais ils demeurent sous la dépendance de l'esprit; et si cet esprit *semble* absent, c'est parce que son
intervention est latente *d'ordinaire* dans des opérations

qu'il a originairement préparées et conduites et qu'il connaît.

Le jeu du pianiste, bien analysé, se montre *inséparable de l'attention aidée du concours actif de la vue et de l'ouïe.* En d'autres termes, il est toujours doublé d'un certain degré de conscience. Ajoutons qu'à la rigueur le concours des sens peut être très faible ou même manquer, mais que la volonté est indispensable à l'exécution d'un morceau (1).

Un joueur que l'on prive brusquement de lumière ou qui prétend s'exercer dans l'obscurité complète, perd de suite ses moyens d'action : l'expérience est facile à faire. Il est clair que l'habitude peut obvier à cet inconvénient, et l'exemple des artistes aveugles est péremptoire à cet égard. Mais il n'en est pas moins acquis que, pour les voyants, la lumière est très utile, sinon indispensable. La vue joue un rôle important dans l'exécution, qu'elle suive les notes de musique ou qu'elle se contente de surveiller la position respective des touches et le mouvement varié des doigts.

L'ouïe n'a pas un moins grand rôle que la vue, bien qu'il soit moins évident. Nous avons peine à croire qu'un artiste puisse se passer complètement de ces deux sens. L'oreille guide très sûrement l'esprit : elle éclaire admirablement la vue mentale de la symphonie, la *musique intérieure,* et, par les sons qu'elle perçoit successivement, indique ceux qui restent à émettre. Un bruit sonore, inattendu, qui survient, rompt souvent cet accord de l'imagination et des sens et suffit à interrompre brusquement un morceau : c'est la preuve que l'oreille du musicien est en éveil et guide sûrement son jeu.

(1) Ce rôle de l'attention dans l'habitude est capital. Cf. notre article *Science catholique,* avril 1895.

L'action de la volonté ou plus exactement de l'*attention* est plus importante que celle des sens : elle nous paraît essentielle. Sans doute, l'attention est très variable dans ses degrés : elle est d'autant moins vive, *parce que moins nécessaire,* que le joueur est plus habile ou plus exercé, mais *elle ne manque jamais.* Les distractions sont possibles, fréquentes même, mais courtes : l'esprit oscille et revient toujours au morceau dont l'exécution se poursuit. Il est encore incontestable que des opérations mentales peuvent se dérouler simultanément, mais cette marche parallèle n'a rien d'insolite, elle est spéciale au domaine psycho-cérébral, et loin de prouver que l'attention soit absente ou que l'automatisme règne en maître, elle démontre tout le contraire.

Comment, nous objecte-t-on, peut-on, en jouant, penser à autre chose? Ne trouve-t-on pas dans cette coïncidence fréquente la preuve convaincante que l'automatisme du joueur est absolument inconscient, que l'esprit n'y a aucune part? Nullement. L'esprit manifeste ici sa supériorité sur la matière, sa transcendance : il est assez vaste, assez fort pour présider simultanément à deux opérations, il est capable à la fois de surveiller les mouvements multipliés des doigts et de divaguer en mille rêves, de conduire un morceau difficile et de soutenir une conversation banale. Chaque jour, ces effets s'observent, et nul ne s'en étonne : ils seraient surprenants s'ils provenaient de la cérébration seule. Il est commun de marcher et de penser à ses affaires; et notre marche n'est pas si *machinale* qu'on le croit, car nous surveillons nos pas *de l'œil* plus ou moins *attentivement,* en écartant les obstacles, en évitant les dangers.

Toutes ces opérations en partie double ne sont possibles qu'autant qu'elles ne lassent pas l'esprit et que la volonté n'est pas trop vivement provoquée d'un côté pour être absorbée : elles ne sont pas de longue durée. Qu'une pierre surgisse au travers de la route, et nous renonçons à suivre le fil de notre pensée pour prévenir une chute. Qu'une discussion vive s'élève, qu'une pensée active et obsédante surgisse, et le joueur s'arrête net pour suivre plus librement la discussion ou l'idée.

Les accidents du jeu viennent parfois stimuler l'attention plus ou moins diminuée ou distraite, mais toujours présente. Qu'une touche manque, qu'une corde se relâche ou se brise, et le joueur est de suite averti : il a donc conscience du jeu et des sons qu'il doit produire.

Dernière remarque qui a son importance, les idiots, accessibles comme on sait à certaines formes d'éducation, sont à peu près incapables de jouer correctement du piano. De grands efforts ont été faits de nos jours dans les asiles pour initier ces malheureux aux jouissances de l'art, et il faut avouer qu'ils ont été à peu près stériles. L'idiot n'a pas le don musical, mais il a des sens et un cerveau *qui sont parfaitement susceptibles d'automatisme, qui y sont même presque exclusivement propres.* Pourquoi ne répond-il pas heureusement sur ce point aux leçons des maîtres? Pourquoi ne donne-t-il pas raison aux matérialistes contre nous? Parce qu'il est privé ou à peu près de la faculté psychique que nous avons reconnue essentielle au joueur, de l'attention ou de la volonté (1). L'automatisme cérébral n'explique rien, et il faut y renoncer au nom de la science.

Le *sous-moi,* qu'il ne faut pas confondre avec l'automatisme, puisqu'il comporte un certain degré de conscience, une notable subconscience, gouverne nos actes habituels et en particulier la prière. Les ennemis de nos croyances sont tout heureux et presque fiers de ne trouver là

(1) Cf. les travaux de Séguin et Sollier sur *l'Idiotie.*

qu'une opération machinale, sans portée et sans valeur, mais ils oublient — volontairement ou non — que cette opération procède d'une détermination libre et qu'elle se poursuit avec la coopération nécessaire, quoique indirecte, de l'intelligence et de la volonté. N'est-ce pas suffisant pour lui garder ses mérites et sa vertu? Nous récitons mentalement ou des lèvres des oraisons courtes ou longues dont nous n'apprécions pas toujours exactement le sens et les termes, c'est certain; mais notre esprit et notre cœur n'en ont pas moins décidé l'acte et ne contribuent pas moins à l'assurer.

Le chapelet qui déchaîne si volontiers les quolibets des esprits forts est un excellent instrument de prière. Outre que ses effets spirituels sont merveilleux, attestés par une longue pratique, sa justification est éclatante au seul point de vue rationnel. L'habitude est toujours recommandable quand elle est au service du bien. Or, la méthode qui consiste à égrener un chapelet en récitant des prières accuse un acte de volonté méritoire qui se répète et se poursuit un grand nombre de fois. Elle a, de plus, l'avantage appréciable d'occuper saintement des loisirs qui pourraient être consacrés à des œuvres inutiles ou dangereuses. Tout est donc bénéfice dans cette opération qui paraît machinale et fastidieuse et ne l'est pas quand on la fait pour honorer Dieu et demander l'intercession de sa Mère qui est aux cieux.

La récitation du chapelet, dit-on, est si monotone que plus d'un s'y perd et l'interrompt par un bon somme. Nous n'y contredisons pas, et nous savons que les meilleurs dévots sont sujets à cet accident dans les courtes comme dans les longues prières. C'est ce qu'on appelle vulgairement l'*oraison de saint Pierre*. N'a-t-elle pas sa valeur aux yeux de Dieu? Et n'est-il pas, à certains égards, édifiant de s'endormir sur un acte d'abandon au divin

Maître, sur une bonne prière? La nature est faible. Qui le sait mieux que son Créateur? Et quelle meilleure offrande à lui faire que celle de notre bonne volonté, assujettie, hélas! à tant de difficultés et à de si basses entraves!

Puissions-nous tous, tant que nous sommes, nous endormir du sommeil des justes sur une bonne prière, avec la pensée de l'éternité et l'ardent désir du Ciel!

Ajoutons — pour tout dire — que nombre de chrétiens ne récitent pas machinalement leurs prières ou leur chapelet; ils y mettent une attention soutenue avec tout leur cœur. Et ceux qui n'arrivent pas à les imiter ne peuvent que les envier et les prendre pour modèles.

CHAPITRE VI

Mémoire.

De toutes nos facultés, la mémoire est certainement celle où l'automatisme a la plus grande part. Mais c'est aussi la plus précieuse, la plus indispensable de nos facultés pour l'exercice de l'esprit. Combien elle nous serait inutile si elle ne trouvait pas un vaste réservoir, un fond inépuisable dans la cérébration inconsciente ! Toutes les images reçues s'accumulent là pour y rester parfois longtemps latentes et surgir tout à coup dans le champ de la conscience. Il y a un incessant échange d'images entre le *moi* et le *sous-moi;* mais, en fait, c'est ce dernier qui est le plus riche et le pourvoyeur de l'autre. Nous avons étudié ailleurs (1) ces merveilles de la mémoire, nous n'y insisterons pas, mais nous ne résistons pas au plaisir de citer une page remarquable du regretté Arcelin :

« Notre esprit, écrit-il, est peuplé d'images et d'idées puisées un peu partout, dont nous avons souvent oublié l'origine et que nous croyons alors nous appartenir comme des créations originales. C'est ce qu'on appelle des *réminiscences*. La réminiscence, phénomène purement automatique, est le grand écueil de tous ceux qui se livrent aux travaux de l'esprit, particulièrement des littérateurs et des artistes. *Nous vivons des idées des autres* que nous nous approprions souvent de très bonne foi, *sans nous en douter.*

(1) *La Mémoire,* deuxième édition, Téqui.

« Macaulay raconte qu'un écrivain anglais, au déclin de sa vie, avait conservé le pouvoir de retenir avec une très grande facilité tout ce qu'il entendait. Mais il oubliait avec la même facilité l'origine de ce qu'il apprenait de la sorte. Si on lui lisait quelque chose dans la soirée, il se réveillait, le lendemain, l'esprit plein des pensées et des expressions entendues la veille, et il les écrivait comme si elles lui appartenaient.

« Un de mes vieux amis, M. A. de S..., causait un soir, sous les ombrages de Saint-Point, avec M. de Lamartine, son cousin.

— Mon cher Alfred, lui dit le poète, vous qui peignez si bien, dites-moi vos idées sur le rôle social de la peinture.

« M. de S... parla longtemps. M. de Lamartine l'écouta silencieusement. Le lendemain matin, au déjeuner, la conversation revint sur le même sujet. « J'ai réfléchi à « notre entretien d'hier soir, dit M. de Lamartine à son « hôte. Vous m'avez exposé vos idées : voici les miennes. » Ses idées n'étaient autres que celles de son interlocuteur. Il n'y avait rien changé que la forme, en les revêtant de cette magie de langage, dont son génie avait le secret. L'hôte surpris, mais discret, se garda bien de réclamer sa part de collaboration. » C'est encore le *sous-moi* qui opère ici et joue un mauvais tour au *moi,* dont le légitime empire diminue et s'efface sans disparaître.

L'oubli n'est pas moins remarquable que la mémoire au point de vue qui nous occupe. C'est souvent l'inconscient qui le crée, et c'est aussi souvent lui qui le répare. Que deviendrions-nous dans notre vie journalière si la cérébration inconsciente ne régissait pas les innombrables casiers de la mémoire et n'amenait pas les images à l'appel de l'esprit ! L'attention la plus serrée, l'application continue de la volonté n'arrivent pas à évoquer tel nom qui nous échappe, et c'est le *sous-moi* qui nous le fournit, par une sorte de déclanchement machinal, au moment où nous ne le cherchons plus. On ignore encore le merveilleux mécanisme qui amène ce beau résultat; mais on sait du moins qu'il est dû à l'inconscient. Le *moi* a une suprématie incontestable, mais il ne peut rien sans le *sous-moi*, qui constitue son vaste et inépuisable trésor. Arcelin a noté comme nous cette subordination fatale qui reste à expliquer. « Vous avez oublié un nom, dit-il, et vous faites d'inutiles efforts pour le retrouver. C'est quand vous n'y pensez plus qu'il se présente tout à coup à votre esprit. Il suffit parfois de se rappeler la première lettre du nom cherché pour que celui-ci revienne aussitôt tout entier. Il en est de même des objets perdus ou égarés vers lesquels on se trouve conduit machinalement quand on a cessé de les chercher. Égarés ou perdus *pendant un moment d'inattention,* ils sont retrouvés par un acte de mémoire inconsciente. » Admirons sans nous lasser cette belle disposition de l'organe nerveux à réparer automatiquement les absences inévitables d'une volonté qui est certes énergique, mais qui défaillerait s'il lui fallait rester toujours tendue et en arrêt devant une sensibilité toujours éveillée et mobile.

Le *moi* et le *sous-moi*, sans être séparés, sont parfois tellement distincts qu'on les voit agir simultanément dans deux opérations différentes. Par exemple, on fait un travail psychique ou manuel et en même temps on pense à tout autre chose. Ou bien on lit et on réfléchit tout ensemble. Le cas n'est pas rare. On lit un livre sans grand attrait, en manière de passe-temps; et tout à coup, pendant que l'œil suit les caractères d'imprimerie et que le cerveau les saisit sous forme d'images, une idée agréable ou sérieuse surgit au sein de la conscience et l'accapare tout à fait. L'esprit oublie en quelque sorte le livre.

On n'en continue pas moins à suivre machinalement les lettres et les mots, les phrases et les lignes, on achève la page : on n'a rien compris, au moins nettement, et on ne se souvient plus de ce qu'on a lu.

Le même phénomène peut se produire dans la lecture à haute voix. Les auditeurs suivent et retiennent les paroles émises par le lecteur qui, lui-même, absorbé ou distrait, ne les a ni comprises ni retenues, les ayant lues et prononcées à la manière d'un automate. Le *moi* ne compte pas ici; et c'est le *sous-moi* qui accapare toute l'action. C'est une forme de distraction très fréquente.

Elle se présente pendant tout travail *tracé d'avance,* et en particulier pendant la marche, dont l'itinéraire et le but ont été préalablement fixés. Que de fois nous cheminons sur la route ou dans la rue, inconscients de nos mouvements comme de ce qui se présente à notre vue de tous côtés, l'esprit occupé exclusivement de ses pensées et les poursuivant avec rigueur! En présence de cette abstraction du *moi,* le *sous-moi* entre en jeu et suffit à tout : c'est lui qui dirige automatiquement nos pas, nous fait éviter les obstacles et nous arrête quand il faut.

Remarque essentielle. Jamais à l'état normal cette distraction de l'esprit n'exclut sa présence. Le *moi* et le *sous-moi* coexistent dans un tel état, dissociés mais prêts à se rejoindre et à fusionner. La rencontre d'un ami, la surprise d'un accident, suffisent pour opérer leur accord et nous rendre à nous-mêmes. Preuve évidente que la dissociation n'est ni complète ni effective et que notre personnalité s'accommode très bien de la double action du *moi* et du *sous-moi* dans l'unité du fonctionnement cérébral.

La distraction normale n'est jamais que relative. Absolue, elle devient pathologique et accuse une complète dissociation psychique : M. le professeur J. Grasset le déclare, et nous le reconnaissons avec lui. Tout le monde est sujet à de fréquents relâchements de l'attention, à des *absences* de l'esprit, que la moindre insistance suffit à dissiper. Le *moi* n'est pas toujours appliqué, ni maître de la sensibilité. Et quand il cesse d'être tendu, le *sous-moi* ne manque pas de s'émanciper et d'agir à sa guise. Voilà pourquoi tant de fois nous voyons *sans regarder,* nous entendons *sans écouter.* « A qui n'arrive-t-il pas, dit M. de Kirwan, de ne pas entendre une question adressée à haute et intelligible voix, *alors qu'on a l'esprit ailleurs ?* » Cette distraction est banale et, tout en prouvant la scission du *moi* et du *sous-moi,* ne met pas en question l'unité de nos opérations mentales.

C'est la mémoire qui en est le centre, c'est la faculté maîtresse de la sensibilité sous la haute direction de l'esprit. Toutes les opérations psychiques qui sont du domaine de l'éducation et de l'habitude sont sous sa dépendance. Nous avons déjà cité les prières, les invocations pieuses qui viennent manifestement du *sous-moi* et accusent plus souvent la subconscience que la conscience. Nous citerons encore les *gros mots,* les jurons dont nous sommes rarement entièrement responsables. Sans doute, l'habitude est vicieuse, et il faut tout faire pour la rompre. Mais comment arrive-t-on le plus souvent à cet heureux résultat, en dehors des cas rares où une forte volonté suffit? En substituant dans la cérébration inconsciente un mot à un autre, en remplaçant le juron par un homonyme inoffensif. L'histoire en rapporte un trait légendaire. Le P. Cotton, confesseur de Henri IV, avait tout fait pour débarrasser son royal pénitent de sa déplorable manie d'invoquer en vain le nom de Dieu, et il n'obtint le succès que par la substitution plaisante de son propre nom. Henri IV promit et tint parole : il n'avait plus à la bouche, dans ses accès d'hu-

meur, que : *Jarnicoton!* Et tout le monde fut content de
ce changement dont la mémoire avait fait tous les frais,
mais dont la volonté avait le mérite.

Plus on avance dans la vie, plus cette mémoire se fixe
et se consolide dans ses acquisitions, plus elle devient
conservatrice, automatique et inconsciente. Malgré eux,
les vieillards se remémorent fatalement leur passé, éprouvent une difficulté grandissante à renouveler leur langage mnémonique et en arrivent à se répéter de confiance.
C'est le *radotage* plus ou moins conscient, c'est le *sous-
moi* tout-puissant et en œuvre. La faconde de certains
est extrême, et elle l'est nécessairement en raison de
l'automatisme qui la commande. Il semble que tout soit
sous la dépendance du mécanisme cérébral, dont le
moindre déclanchement suffit à la mise en marche. Alors
c'est un flot de paroles intarissables, c'est un verbiage
facile qui peut durer une heure et plus, mais qui se distingue par la pauvreté des idées, par la faiblesse de la
logique. *Sunt verba et voces.* C'est le triomphe de la mémoire du *sous-moi.*

On y assiste encore dans les maladies, surtout cérébrales et fébriles, dans les troubles du *délire,* ou aux dernières heures de l'existence, dans l'*agonie* des moribonds.
« Le délire qui éclate alors et persiste parfois jusqu'au
dernier moment est aussi loquace que violent : il se nourrit des images accumulées dans le cerveau, des plus
vieux souvenirs. C'est merveille d'entendre ces réminiscences claires, vives, quoique décousues et sans suite,
qui se rattachent à des époques différentes et racontent
la vie d'un homme, quelquefois ses plus secrètes pensées, ses fautes les plus graves. On voit des criminels se
dénoncer ainsi, se confesser publiquement au soir de leur
vie, à la stupéfaction du monde qui les tenait pour des
honnêtes gens parce qu'ils avaient été habiles dans leurs

méfaits et avaient toujours réussi à détourner le soup-
çon : le trouble de l'encéphale vient à la dernière heure
déjouer leur habileté, mettre à nu leur âme corrompue
et révéler au grand jour leurs turpitudes. La volonté
perverse trompait le monde; et à la faveur de sa dé-
chéance, les arcanes de la mémoire s'ouvrent et livrent
complet le dossier du coupable.

« Mais les révélations que l'agonie procure sous les
coups de la fièvre ne sont pas toujours aussi noires, parce
qu'elles sont toujours sincères et que, grâce à Dieu, il
y a encore des consciences honnêtes : elles nous livrent
l'homme tel qu'il est, avec son caractère, avec ses habitudes, avec ses penchants naturels, avec les marques
distinctives de son génie. Beethoven ne savait, en mou-
rant, que traduire musicalement sa pensée. De même
chaque malade délirant ouvre libéralement le fond de
sa mémoire et donne sa note spéciale, individuelle.

« Des comédiens rompus au métier des planches ne
savent plus, sur leur couche de douleur et de mort, que
débiter avec le ton et l'emphase du genre leurs pièces
favorites, drames ou tragédies, et émeuvent douloureu-
sement leur famille par ces souvenirs qui datent d'un
passé heureux et forment un poignant contraste avec
le présent.

« Des poètes reviennent naturellement à leurs vers et
les récitent avec une exactitude scrupuleuse, avec une
volubilité ardente : la Muse qui les a longtemps inspirés
se plaît sur leurs lèvres et ne les quitte parfois qu'avec
le dernier souffle.

« Chez les chanteurs, qu'ils soient professionnels ou
simples amateurs, le délire ne manque pas de donner
un coup de fouet à la mémoire artistique et de réveiller
les images musicales avec leurs accords harmonieux; il
évoque les morceaux de prédilection et arrive même à

4

susciter et à faire dérouler tout le répertoire aux oreilles consternées de l'entourage. Le malheureux, qui gît épuisé sur sa couche et s'y débat dans les bras de la mort, retrouve une suprême énergie devant les images rythmiques dont le cerveau malade l'obsède et l'enivre, et il entonne inconsciemment, à pleine voix, ces couplets gais ou tristes qui charmaient ses loisirs et réjouissaient naguère le cœur de ses proches. Ah! la lugubre audition qui se donne devant une assemblée en larmes et qui martèle, meurtrit et écrase l'âme des pauvres parents! Nous avons eu la douleur de la subir au cher chevet d'un frère, et le temps, ce grand facteur de l'oubli, n'a pas diminué l'accablante pesanteur ni amorti la cruelle torture d'un tel souvenir (1) ! »

Tous ces traits de mémoire professionnelle accusent la force de l'habitude, l'automatisme du *sous-moi*. C'est ainsi que le prêtre délirant à son heure dernière a son verbe plein des fonctions sacrées qu'il remplit. Un de nos amis mourait récemment en répétant à satiété les paroles de la communion : *Corpus Domini nostri,* etc., et la prière de la fin de la messe. Cette répétition fastidieuse était le déroulement mécanique de la cérébration inconsciente. Comme nous l'affirmions il y a longtemps, le cerveau (et dans le cerveau le lobe de la mémoire qu'on connaît depuis peu) *est avant tout un organe d'enregistrement* au service de l'intelligence, Mais qu'il survienne une crise, que les facultés mentales se troublent et s'annihilent, la sensibilité n'a plus de règle, s'émancipe et peut accuser à tous le fond de l'âme humaine : l'organe cérébral peut dérouler successivement les feuillets où sont inscrites les vieilles images, les habitudes professionnelles, en un mot le vaste tableau de la mémoire.

(1) Dr SURBLED : *La Mémoire,* deuxième édition, TÉQUI.

CHAPITRE VII

Le sommeil.

Régulièrement, tous les soirs, après une journée d'activité vigile, l'homme perd le mouvement, la sensibilité et la conscience de lui-même : il tombe dans les bras de Morphée, il dort. Ce n'est qu'après une nuit de repos qu'il s'éveille frais et dispos et reprend contact avec les réalités du dedans et du dehors. C'est l'étrange et inexplicable phénomène du sommeil.

Le sommeil est un état psycho-sensible qui a été très étudié de nos jours (1) sans qu'on soit arrivé à en pénétrer le mystère; mais on en connaît assez les caractères pour affirmer que l'inconscience n'en est pas la note distinctive. Sans doute, la pleine conscience manque, et nul ne songerait à revendiquer pour l'état psychique du dormeur la lumineuse clarté de la veille. Mais, entre cette clarté et les noires ténèbres de l'inconscience il y a des degrés qu'on retrouve facilement dans le sommeil, au moins dans certaines de ses phases.

Suivant nombre d'auteurs, l'inconscience présiderait au sommeil. C'est une grave erreur. Le rêve que certains attribuent à *tous* les sommeils n'est certainement pas un état inconscient; et le souvenir qui en reste prouve que nous avons eu une impression fugitive, mais réelle, des images morphéiques. Il faut donc renoncer à une

_____

(1) Cf. Dʳ SURBLED : *Le Sommeil*, SUEUR; *Le Rêve*, deuxième édition, TÉQUI; et les travaux de Sergueyeff, Tissié, etc.

opinion que ne soutiennent pas les faits et en arriver aux divisions nécessaires.

Tout simple qu'il paraisse, le sommeil comporte trois états successifs et distincts, quoique rapprochés par des transitions insensibles : le *sommeil plein,* la *somnolence,* l'*assoupissement.*

Dans le sommeil plein, l'inconscience est absolue : la vie psychique est suspendue, le *moi* et le *sous-moi* sont à l'état latent. Ceux qui prétendent y placer des rêves seraient bien embarrassés non seulement pour en définir la nature, mais pour en prouver l'existence même. Le dormeur complet n'a pas de songes, et sa vie demeure purement végétative. M. de Kirwan n'a pas voulu se prononcer entre les deux opinions qui se partagent le monde savant, mais du moins il reconnaît que la nôtre a la probabilité en sa faveur. « Que le sommeil profond soit ou non accompagné de rêves, du moment que ceux-ci, *s'ils existent,* ne laissent jamais aucune trace dans le souvenir, *c'est à peu près comme s'ils n'existaient pas,* et l'état de la personne profondément endormie doit être considéré comme lui faisant perdre toute conscience d'elle-même. » Dans ces conditions, on le comprend, il n'y a place ni pour le *moi,* ni pour le *sous-moi.*

La somnolence est la phase intermédiaire et nécessaire entre le sommeil plein et l'assoupissement : elle se caractérise par les rêves. Le *sous-moi* préside à l'agencement des images morphéiques, mais sans rompre complètement ses attaches avec le *moi.* La pleine conscience a cessé pour faire place à une demi-conscience ou *subconscience.* Le rêveur sent très bien ses impressions qui se lient et s'enchaînent grossièrement, mais avec une apparente logique. Et si leur souvenir ne résiste pas longtemps au réveil, c'est parce que des sensations secondes ne peuvent concurrencer des sensations primitives. La somnolence est comme un état de pénombre qui ne saurait lutter avec le plein jour du soleil.

On a dit que les occupations et les préoccupations de la vie consciente n'ont aucune influence sur le rêve. C'est notamment l'avis d'Arcelin, ce n'est pas le nôtre. Comment le *sous-moi,* plein des impressions de la vie journalière, ne les livrerait-il pas à la faveur du repos morphéique qui suspend l'action de la volonté? Sans doute il ne les donne ni exactes, ni complètes, ni surtout coordonnées, mais il les contient et est en quelque sorte forcé de trahir la vie consciente dont il est la base. C'est pourquoi le dormeur a si bien le sens de ses habitudes, de ses manies, de ses infirmités, et prend une si décisive conscience, quoique obscure, de sa personnalité. Il peut se croire rajeuni, enfant, mais il se retrouve toujours lui-même et ne se confond jamais avec un autre. Preuve suffisante que le *moi* et le *sous-moi* momentanément dissociés ne sont pas séparés et demeurent prêts à se rejoindre au moindre incident extérieur.

Arcelin n'a pu méconnaître ce caractère de la somnolence. « C'est, écrit-il, un sommeil peu profond pendant lequel les rêves conservent assez souvent une liaison avec les événements de l'état de veille. Cela se produit surtout quand le sommeil est agité, interrompu par de fréquents réveils, comme, par exemple, à la suite d'une grande fatigue musculaire ou de vives préoccupations morales. Il m'est arrivé bien des fois, après une longue et pénible excursion géologique, de revoir en rêve les lieux que j'avais parcourus. Mais l'imagination brodait sur ce thème. Je me figurais que je découvrais des gisements fossilifères d'une richesse inouïe et que je recueillais, à pleines mains, des fossiles aux formes inconnues et invraisemblables. » De telles réminiscences sont la règle du rêve, mais toujours déformées et transformées suivant les caprices d'une imagination déréglée.

C'est cette imagination qui est la féconde pourvoyeuse et l'origine commune des rêves. Mais aussi plus d'une fois ils sont provoqués par des impressions sensorielles externes ou internes, et alors l'activité du *sous-moi* n'est pas contestable. Mais, faut-il le remarquer, ces impressions ne sont pas essentielles, nécessaires : le songe n'y trouve qu'un motif, une orientation nouvelle. Le fameux rêve de Descartes, cité partout, le démontre sans réplique. Ce philosophe rêve qu'il se bat en duel et qu'il est percé d'un coup d'épée : il se réveille piqué par un moustique. Évidemment, la morsure de l'insecte a été perçue, mais combien transformée et grossie démesurément! L'origine du rêve n'est pas là, elle remonte à l'imagination qui a forgé de toutes pièces ses nombreux éléments. L'impression douloureuse n'est qu'un incident banal, surajouté en quelque sorte.

On en peut dire autant de tous les rêves attribués à une action extérieure : les expériences de Maury sont décisives. Une personne placée à côté de lui avait charge de lui donner des sensations variées, puis de le réveiller au bout de quelque temps. On le pince à la nuque : il rêve qu'on lui pose un vésicatoire, ce qui amène le souvenir du médecin de ses jeunes années. On approche de sa joue un fer chaud : il rêve aux chauffeurs, puis à la duchesse d'Abrantès, qui le prend pour son secrétaire. Il avait lu dans les mémoires de Mme d'Abrantès l'histoire des chauffeurs qui s'introduisaient dans les maisons et forçaient les habitants, en approchant leurs pieds d'un brasier, à dire où était leur argent. On lui fait respirer de l'eau de Cologne : il rêve qu'il est dans la boutique d'un parfumeur, puis en Orient, au Caire, chez Jean-Marie Farina (1).

(1) MAURY : *Le Sommeil et les rêves,* p. 155.

On voit par ces exemples combien est erronée l'opinion du Dʳ Tissié, qui attribue tous les rêves aux sensations du dehors. Le même auteur, pour les expliquer, émet une hypothèse qui n'est pas plus acceptable : il suppose l'existence en nous de deux *moi,* le moi splanchnique et le moi sensoriel. « L'équilibre entre les fonctions de ces deux « moi » constitue le « moi » physiologique et psychique tel qu'on le comprend à l'état de veille; *la rupture de cet équilibre constitue le moi à l'état de sommeil* (1). »

Nous avons combattu dans nos livres cette prétention du Dʳ Tissié, et nous pensons que nos lecteurs la trouveront comme nous injustifiée. « Il n'y a pas deux *moi,* il n'y en a qu'*un.* La conscience est toujours une, mais elle est plus ou moins vive, plus ou moins entière. Le dédoublement qui s'opère pendant le sommeil n'est pas celui du *moi,* c'est celui des organes encéphaliques, ce qui est bien différent... Le repos morphéique amène un changement profond dans le jeu des organes et dans l'orientation des facultés, mais il ne change pas notre conscience, qui reste identique à elle-même dans l'état de sommeil comme dans l'état de veille. Ne dites pas au dormeur que sa conscience vigile n'est pas celle de son rêve : il vous démentirait avec l'énergie que donne l'évidence, et il aurait raison (2). » La subconscience qui caractérise le rêve est manifestement une : elle résulte des relations qui subsistent amoindries entre le *moi* et le *sous-moi.* Ces deux facteurs ne sont plus unis dans une action commune, mais leur liaison n'est pas entièrement rompue, et c'est assez pour assurer la demi-conscience dont sont pourvus les rêves.

Entre l'état vigil et la somnolence se place une phase

(1) *Les Rêves,* p. 30.
(2) *Le Rêve,* deuxième édition, p. 57-58.

transitoire, l'*assoupissement,* où la liaison dont nous parlons est plus forte, plus intime, et permet par suite une conscience plus nette et plus entière. Arcelin en a très bien montré les caractères distinctifs. « L'assoupissement, dit-il, est un sommeil léger, où l'esprit suit son rêve et parfois le dirige encore, dans une certaine mesure. Il semble qu'on rêve tout éveillé. C'est la première et c'est aussi la dernière phase du sommeil. Si l'assoupissement nous surprend pendant une lecture, il arrive un moment où nous ne comprenons plus ce que nous lisons. Nous perdons la mémoire visuelle des mots. Nous nous en rendons fort bien compte, lorsque nous luttons contre les premiers effets de l'assoupissement et que nous cherchons à terminer la lecture commencée. On a beau relire plusieurs fois la même phrase, on n'arrive pas toujours à la comprendre. Il m'est arrivé parfois de m'assoupir en faisant une lecture à haute voix, le soir, en famille, et de continuer à parler après avoir perdu la mémoire visuelle des mots; mais alors je tombais en somnolence et je racontais mon rêve qui se substituait inconsciemment à ma lecture. » Comme le dit notre auteur, l'assoupissement confine à la somnolence : il est d'ordinaire très court. Le sommeil plein, au contraire, a relativement une longue durée, et, accaparant nos nuits, leur assure une entière inconscience. La somnolence est un état intermédiaire où les rêves accusent non plus l'inconscience, mais la subconscience : le *sous-moi* et le *moi,* quoique séparés, y gardent des relations intimes, un lien incontestable.

On ne réveille pas facilement un dormeur en plein sommeil; mais on excite sans peine sa sensibilité quand il est en somnolence. Toutefois, la cérébration est alors sujette à l'erreur, la subconscience n'étant pas avertie, le *sous-moi* restant obscur. Ainsi tel enfant qu'on réveille chaque matin au commandement, à l'appel de son nom, arrive à se réveiller à l'heure sans un mot, sous une banale impression sensible, par exemple à un accès de toux, à un faible bruit. Il semble que, par l'habitude, la cérébration soit ainsi façonnée qu'elle entre en fonctionnement sans la moindre préparation, comme par le déclanchement d'un mécanisme. L'automatisme atteint alors son dernier degré de perfectionnement.

CHAPITRE VIII

États émotifs.

Chacun de nous, à l'état normal, est exposé à perdre la raison, la maîtrise de soi dans les mouvements violents et rapides de la sensibilité affective, sous les coups de la passion (1). Alors le *moi* lâche le gouvernail, s'éclipse en quelque sorte pour laisser le champ libre à la cérébration inconsciente. Les sottises et les crimes qui résultent du déchaînement des passions ne se comptent pas, ils constituent la trame douloureuse de l'histoire humaine. Et l'on s'accorde à leur donner le bénéfice des circonstances atténuantes. Les acquittements que décernent souvent les cours d'assises aux crimes passionnels s'expliquent ainsi, bien qu'ils déconcertent parfois la conscience publique. On attribue le crime monstrueux à la passion irrésistible et on gratifie l'auteur d'une responsabilité faible ou nulle. Le verdict est motivé. Le *moi* conscient et libre n'est pas en jeu dans un violent accès de colère, dans une crise de désespoir, et c'est le *sous-moi* seul qui conduit la main et détermine l'acte délictueux. L'unité de notre être se trouve momentanément rompue au grand dommage de la raison et de la liberté. En fait, la passion soulevée constitue une folie *au petit pied*.

Mais si nous ne sommes pas responsables de l'éclat brutal de la passion, nous le sommes plus ou moins de sa genèse. Et c'est ici que la morale reprend ses droits,

---

(1) Cf. Dr SURBLED : *La Vie affective,* VITTE.

et la justice son empire. Nous savons que les passions doivent être soumises, dominées, canalisées par la raison, et que nous devons prévenir leurs écarts. Celui qui leur donne libre cours, qui ne fait aucun effort pour les dompter, n'est pas digne du nom d'homme. Et il est bientôt puni par ses excès mêmes. Comme nous l'écrivions naguère (1), « la liberté, ce glorieux mais lourd apanage de notre volonté, peut déplacer l'axe de la vie totale, renverser l'ordre hiérarchique des puissances et substituer à l'empire de la raison celui des passions. L'homme est son propre maître et règle sa destinée. Tantôt l'esprit gouverne, dirige les passions, ces grands et indispensables ressorts de l'existence; tantôt il s'abandonne volontairement à leurs caprices. Dans le premier cas, notre personne garde sa force et son honneur, et l'ordre règne, parce que la hiérarchie des puissances de notre être est respectée. Dans le second, l'âme abdique ses droits, oublie ses devoirs, et la vie animale devient toute la vie de l'homme : les forces nerveuses, sans maître, sans contrepoids, s'épuisent vite, l'encéphale se trouble de plus en plus, et la raison vaincue, outragée dans ses prérogatives, peut s'en aller sans retour... La folie n'est pas un effet sans cause, c'est le fruit amer des fautes, la légitime punition des « folies » humaines. »

Nous parlerons plus loin de l'aliénation mentale; mais dès maintenant il nous a paru nécessaire d'en rapprocher la crise violente, convulsive, de la vie affective, qu'on observe à l'état physiologique et qui en a tous les caractères. Les auteurs n'ont pas assez remarqué que la passion soulevée crée momentanément l'aliénation de notre *moi* et donne l'empire au *sous-moi* et à ses manifestations les plus incohérentes et les plus dangereuses.

(1) *La Folie,* SUEUR, p. 65.

Rien ne donne une plus triste idée de notre nature que l'impuissance de la raison à refréner les passions soulevées et à les soumettre à l'esprit. Nous sommes en quelque sorte à la merci d'une colère; bien plus encore, nous sommes à la discrétion d'un verre d'alcool. L'*ivresse* volontaire ou accidentelle nous prive instantanément de raison et nous ravale au niveau de la bête. Quoi de plus humiliant, quoi de plus propre à abattre notre vain orgueil!

Toutes les boissons alcooliques, le vin, le cidre, la bière et *a fortiori* l'eau-de-vie, ont une action troublante sur le système nerveux central. Dispensées largement, elles nous plongent dans les turpitudes de l'ivresse. Leur premier effet est d'exciter la sensibilité et de déprimer la volonté. Le lien qui rattache étroitement le *moi* et le *sous-moi* se relâche de plus en plus. *La raison reste au fond des verres,* dit un vieux proverbe; et un autre ajoute non moins justement : *In vino veritas.* La vérité et la raison n'iraient-elles pas de pair? Il n'y a là qu'une antinomie apparente. A la faveur des fumées de l'alcool, le *moi* perd sa maîtrise et son contrôle sur le *sous-moi*. La raison s'en va, la volonté sombre. Il en résulte que l'inconscience a libre carrière et qu'elle livre tous ses secrets. La langue de l'ivrogne parle d'abondance et révèle souvent ce qu'il eût soigneusement caché à jeun, dans son bon sens. Plus d'une fois les criminels se trahissent ainsi eux-mêmes. Et certains justiciers peu scrupuleux ont usé de l'alcool pour arracher à des accusés l'aveu de forfaits présumés.

Mais l'ivrogne n'est pas toujours bavard. Sa loquacité n'est qu'un court épisode de son intoxication. La phase d'excitation fait rapidement place à une phase de dépression. Un assoupissement lourd, brutal, survient qui annonce l'*ivre-mort.* C'est un véritable sommeil, une sorte de coma qui, dans les cas graves, n'a pas de lendemain.

La pratique hospitalière présente une série de curieux phénomènes qui ne sont pas sans analogie avec les précédents : nous voulons parler des effets de la *chloroformisation* qui précède toute opération grave dans le but d'enlever aux patients le sentiment de la douleur.

Sous les premières bouffées du chloroforme, le malade subit une véritable excitation. Le cerveau se congestionne, les images s'y pressent, et le *sous-moi* accapare peu à peu le champ abandonné par le *moi*. C'est alors qu'on observe chez les endormis des interjections, des paroles, parfois même des phrases liées qui, n'étant pas régies par l'attention, mettent à nu le fond de l'inconscience et constituent parfois des aveux compromettants, de véritables révélations. Des personnes ont ainsi avoué des fautes cachées, des criminels se sont vendus. La justice a été mise en éveil et sur la trace de forfaits inconnus.

Il y a quelques années, un enfant, porteur de blessures graves, était traité dans un hôpital de Paris. Sa loquacité sous le chloroforme l'amena à déclarer par phrases entrecoupées que l'auteur de son mal était son père même. Et l'enquête que mena la police établit que l'enfant avait dit toute la vérité. Le père coupable fut arrêté, jugé et condamné.

Il est clair qu'ici, comme dans l'ivresse, l'excitation cérébrale est courte, passagère, et qu'elle fait vite place à un engourdissement profond. Elle est d'ailleurs variable suivant les sujets et manque chez certains. Mais, quand elle existe, elle accuse manifestement la dissociation encéphalique. Le *sous-moi* soustrait à la contrainte du *moi* agit automatiquement et livre parfois les secrets de la conscience. Les casiers de la mémoire s'ouvrent au gré de la *folle du logis* qui trahit ainsi son maître tout en servant la vérité.

CHAPITRE IX

Somnambulisme.

Le somnambulisme naturel, si fréquent dans le jeune âge et l'adolescence, est un état paranormal qui sert de transition entre la santé et la maladie. Le somnambule n'est pas un malade, et cependant il n'est pas sain : c'est un infirme, un nerveux, sujet à des manifestations nocturnes qui sont anormales, étranges et parfois dangereuses.

On s'accorde à définir le somnambulisme une névrose à accès nocturnes caractérisés par une série d'actes habituels qui s'exécutent inconsciemment. C'est dire qu'à la faveur de l'éclipse complète du *moi* l'activité est accaparée par le *sous-moi*. Le somnambule agit en dormant. Il ne fait rien de spontané ni d'original : il exécute automatiquement tous les actes qui ont été primitivement commandés par le *moi* et qui sont restés en quelque sorte imprimés dans l'écorce cérébrale. Nous n'insisterons pas davantage sur son histoire qu'on trouvera ailleurs (1), et nous nous bornerons à citer une page du Dr Mesnet qui en donne l'idée la plus exacte :

« Le somnambule, écrit-il, est insensible à toutes les excitations du dehors; parlez-lui, interpellez-le, il ne vous entend pas; faites-lui obstacle en vous plaçant sur son chemin, il ne vous voit pas autrement qu'un corps étranger qu'il tourne sans le connaître; intervenez dans ses actes, essayez d'en contrarier l'exécution, il s'agacera,

(1) Cf. Dr SURBLED : *La Morale*, t. IV, p. 41-52.

luttera avec vous et vous opposera une énergique résistance. Restez dans le rôle de simple observateur, vous le verrez se mouvoir, agir, combiner, exécuter avec la liberté apparente d'allure et de mouvement qu'il a dans son état normal; vous le verrez parfois accomplir les œuvres les plus délicates. Il est évident que, dans de telles conditions, ses sens fermés aux impressions du dehors doivent cependant intervenir, et prendre part à l'accomplissement des actes que vous le voyez conduire avec tant de facilité et de précision... Isolé du monde extérieur, le somnambule n'agit que sous l'influence de ses propres excitations personnelles; l'impulsion qui l'excite et le dirige, née spontanément du mouvement automatique de son cerveau, est fatale dans son exécution, et tellement exclusive, qu'il bouscule, renverse et brise tout obstacle à sa réalisation. Il n'entre en somnambulisme qu'au moment où l'idée qui le domine le sollicite à l'action; vous le verrez alors faire preuve, dans tous ses agissements, d'une certaine intelligence au service du but qu'il veut atteindre. L'éveil de ses facultés intellectuelles s'accompagne parallèlement de l'éveil des sens, plus particulièrement du toucher, de la vue, de l'ouïe, qui, restant neutres quant à la sensation des objets extérieurs, entrent en plein exercice pour tout ce qui a rapport aux préoccupations de son esprit; c'est ce qui donne au somnambule les apparences du mouvement et des allures de la vie normale. Placez-vous devant lui, il ne vous verra ni ne vous reconnaîtra; essayez de le surprendre par un bruit éclatant, il n'entendra rien; piquez-le fortement avec une épingle, il ne sentira rien. Mais vous le verrez écrire avec facilité et correction, si telle est son idée; vous le verrez enfiler prestement une aiguille, s'il veut coudre; vous le verrez prêter une oreille attentive aux bruits du dedans ou du dehors, s'ils sont en rapport avec son état mental; et dans telles circonstances, dont j'ai plusieurs fois été témoin, vous observerez même une hyperesthésie, une hyperacuité fonctionnelle des sens, mais seulement dans un exercice partiel, limité à l'idée exclusive. Tel est le cadre restreint dans lequel se meut le somnambule spontané : ses facultés dissociées n'ont d'autre principe d'action que ses propres excitations impulsives et inconscientes (1). »

Quelle est la cause profonde, psycho-physiologique, de cet étrange automatisme? On l'ignore absolument. Il est probable qu'une dissociation se fait entre les organes encéphaliques chargés par leur fonctionnement harmonique d'exécuter les actes de notre vie consciente et d'assurer notre personnalité. Cette dissociation est de même ordre que celle d'où dépend le sommeil naturel (2). La seule différence est que, dans le premier cas, l'activité du *sous-moi* ne se cantonne pas dans le monde des images, qu'elle embrasse tous les centres corticaux moteurs et sensitifs. Seuls les sens externes demeurent fermés ou du moins très obtus; et c'est ce qui constitue le danger de cet état anormal. Le somnambule qui ne se trouve pas surveillé par ses proches peut s'exposer de mille manières, tomber par une fenêtre, mettre le feu, se noyer, etc.; il n'a pas conscience du monde extérieur et vit dans son rêve, tout en vaquant à des exercices qui le mettent en rapport avec les hommes et les choses.

On cite partout des traits ingénieux, extraordinaires, de somnambules qui dénoteraient de l'intelligence, du talent, du génie même. Ce sont des traits forcés et enjolivés à plaisir par les amateurs de merveilleux. La vérité oblige à dire que le somnambule ne crée rien et vit exclu-

(1) *Le Somnambulisme,* etc., 1894, p. 231-233.
(2) Dr Surbled : *Le Sommeil,* Sueur.

sivement de ses images cérébrales, sur son passé, dans son beau rêve. Seulement, c'est un rêve *en action* qui donne à l'entourage l'impression d'une activité consciente et presque raisonnable. Les savants qui observent n'ont pas de peine à y démêler la marque d'un automatisme inconscient, fruit du long apprentissage du *sous-moi* à l'école du *moi* intelligent et volontaire.

CHAPITRE X

De la nervosité à l'hystérie.

Tous les hommes ont des nerfs, mais tous ne sont pas *nerveux*. En d'autres termes, il y a des hommes qui ont un système nerveux bien coordonné et stable, une vie sensible équilibrée; et il y en a d'autres, au contraire, qui sont affligés d'un système nerveux plus ou moins excité et instable. Ce sont les *nerveux*. Ils sont légion dans notre société contemporaine. Mais leur mal a des degrés très divers, que la science est loin, bien loin d'avoir encore définis.

Les anciens avaient tôt fait la pathologie nerveuse : ils rangeaient tous les cas dans les névroses. Les aliénistes firent un premier pas vers la lumière en cherchant une classification des différentes formes de folie; mais ils eurent le tort de baser cette classification sur la philosophie sensualiste et non sur la vraie philosophie aidée de l'observation clinique. Plus tard, Charcot rendit un grand service à la science en étudiant avec soin l'hystérie et en la séparant nettement de l'épilepsie. Malheureusement, à sa suite, les auteurs se divisèrent : les uns étendirent démesurément le cadre de l'hystérie et y firent entrer une foule de maladies nerveuses qui n'y avaient pas rapport; les autres, idéalistes outrés, philosophes fourvoyés en médecine, ne virent dans l'hystérie qu'une maladie de l'esprit et préparèrent le mouvement rétrograde auquel nous assistons. On ne parle plus, dans cette école qui n'aura qu'un temps, que de psychoses ou de maladies psychiques. Dubois de Berne a inventé la *psychonévrose,* qui dit tout sans rien expliquer. D'autres ont imaginé la *psychasthénie,* qui n'est pas plus explicite, et nous ramène au temps fabuleux des névroses. Mieux vaudrait une bonne fois renoncer à tous ces mots savants, à cette vaine phraséologie digne des personnages de Molière, et se vouer à l'étude clinique et rationnelle, si importante et si négligée, des types nerveux.

Quelle vaste et lamentable classe constituent ces types, et combien urgente est la venue du maître qui saura l'édifier solidement sur la base de la science! Elle embrasse des variétés nombreuses qui vont de la santé apparente à la folie complète, du simple tempérament vif à l'hystérie et à la manie, en passant par les neurasthéniques, les abouliques, les originaux, les fous moraux, les dégénérés. Ajoutons que, dans chaque variété, il y a encore des degrés, et nous aurons donné l'idée de la complexité du problème. Tel *nerveux* n'accuse pas son mal à l'état vigil et se borne à des accès de somnambulisme qui sont rares, discrets, et ne dépassent pas la jeunesse. Dans des formes plus accentuées, c'est la même gradation qui s'observe : il y a des épileptiques que le monde ignore, qui ne sont sujets qu'à des crises nocturnes; il y en a d'autres qui ne connaissent que le petit mal, le vertige, l'absence. Comment se reconnaître au milieu de cas aussi variés et aussi dissemblables? Il y faut un sens clinique affiné, doublé d'une philosophie solide. Et nous pouvons dire, sans blesser nos maîtres, que cette dernière leur manque trop souvent.

Pour notre part, nous n'avons pas la prétention de faire ici l'étude du mal nerveux. Nous tenons seulement à marquer les types principaux et à montrer qu'ils accusent, dans une gradation croissante, la dissociation psychologique, le partage du *moi* et du *sous-moi,* l'aliénation de l'esprit.

Le simple *nerveux,* certes, est conscient et libre; mais est-il toujours raisonnable? Ne manque-t-il pas trop souvent de suite dans les idées, dans les actes, de pondération dans les jugements ou la conduite? Ne manifeste-t-il pas une instabilité mentale qui détonne parfois? Ne se laisse-t-il pas entraîner d'ordinaire par la *folle du logis,* au lieu de la contenir et de la gouverner? Le premier mouvement décide, l'emporte, sans que la décision s'éclaire d'une délibération motivée. Le *moi* et le *sous-moi* cessent d'être unis, solidaires et cohérents, ils se brouillent sans se séparer; et l'esprit finit par subir à son grand dommage la direction de l'imagination et des passions.

Les nerveux plus accentués qui se rapprochent des excentriques ou des originaux marquent une dissociation plus complète. Ce sont des *impulsifs* dans toute la force du terme. Ils se laissent entraîner, ils s'abandonnent au gré de leur sensibilité. Et ils se doublent d'ordinaire de *bavards* qui ne savent garder un secret, qui parlent à tort et à travers. Le *sous-moi* est décidément le maître, sans avoir tout à fait rompu avec le *moi.*

Laissons de côté d'autres formes intermédiaires pour arriver à l'hystérie, qui est une névrose exactement étudiée et définie et qui présente elle-même bien des degrés.

Au milieu des troubles variés de la sensibilité et de la motilité, ce qui domine cet état morbide, c'est une grave perturbation de la vie affective entraînant à sa suite l'affaiblissement de la volonté. L'*aboulie* est le symptôme le plus net des cas graves.

Par suite, l'activité psychique échappe en grande partie à la raison, au *moi,* et tombe sous la dépendance trop étroite du *sous-moi,* c'est-à-dire de l'inconscience. L'automatisme fait des siennes. Et c'est pourquoi nombre d'auteurs en arrivent comme naturellement à comparer l'hystérique au somnambule, les actes de l'un et de l'autre participant d'un véritable automatisme. Citons seulement l'opinion du Dr Sollier.

« L'hystérie, écrit-il, est un trouble physique, fonctionnel du cerveau, consistant dans un engourdissement ou *un sommeil* localisé ou généralisé, passager ou permanent des centres cérébraux, et se traduisant par conséquent, suivant les centres atteints, par des manifestations vaso-motrices et trophiques, viscérales, sensorielles et sensitives, motrices et enfin psychiques, et, suivant ses variations, son degré et sa durée, par des crises transitoires, des stigmates permanents ou des accidents paroxystiques. *Les hystériques confirmés ne sont que des vigilambules,* dont l'état de sommeil est plus ou moins profond, plus ou moins étendu (1). »

Le même auteur a donné dans un travail plus récent une opinion analogue : « L'hystérie, écrit-il, est constituée par un trouble fondamental de l'écorce cérébrale *qu'on peut regarder comme une sorte de sommeil,* d'engourdissement, allant depuis une simple diminution de fonction des centres corticaux jusqu'à leur arrêt complet. Cet engourdissement, dont les malades ne se rendent compte que lorsqu'il subit des variations en plus et surtout en moins, se traduit objectivement par des modifications des fonctions qui se trouvent sous la dépendance des centres atteints, et par des altérations de la sensibilité. Ces altérations de la sensibilité sont contantes, et, suivant leurs degrés, suivant surtout les parties de l'organisme qui les présentent — accessibles comme les membres ou inaccessibles comme les viscères à l'exploration directe — elles se traduisent d'une manière objective ou subjective. Les variations dans l'étendue

(1) *Genèse et nature de l'hystérie,* t. I, p. 320.

des centres corticaux atteints par l'engourdissement hystérique, dans l'intensité de cet engourdissement, dans les associations des divers centres atteints, expliquent toutes les variétés, toutes les modalités si changeantes et si complexes, parfois, qu'on rencontre dans l'hystérie (1). »

L'hystérie est manifestement une maladie nerveuse, une affection organique des centres, et nullement, comme l'affirment à la légère quelques philosophes, une maladie purement psychologique, une *maladie de l'esprit*. Elle est caractérisée par des troubles variés de la vie sensible, surtout de la vie affective. « La volonté est affaiblie ou absente, la conscience amoindrie, la personnalité ébranlée, profondément atteinte. Les sensations ne semblent plus perçues, parce que l'organisation encéphalique est dissociée, parce que l'activité consciente est affaissée, parce que l'unité du *moi* est détruite. L'affolement des passions, la perte de la volonté, expliquent les troubles de la raison et les écarts de conduite : il n'y a pas loin de l'hystérie à la folie, et les malheureux névrosés sont toujours des candidats à nos asiles d'aliénés (2). »

Ce tableau, que nous tracions il y a douze ans, appelle peu de retouches. Il montre que, dans l'hystérie, le fonctionnement encéphalique se dissocie plus ou moins et que le *sous-moi* étend et grandit son empire au détriment du *moi*. La volonté périclite et disparaît, pendant que l'inconscience domine plus ou moins tous les actes.

(1) Dr SOLLIER, *Revue philosophique,* janvier 1903, p. 3.
(2) Dr SURBLED : *La Volonté,* p. 44.

CHAPITRE XI

Les nerveux.

Les *nerveux* se différencient à l'infini; mais leur état se rattache à un fond commun, le tempérament. Nous ne reviendrons pas sur cet important problème qui a été traité ailleurs (1); mais nous rappellerons que les tempéraments, et, par suite, les caractères ont pour base essentielle le système nerveux. On distingue trois principales variétés de caractères : les *expansifs,* les *concentrés,* les *apathiques.*

Dans ces variétés, le *sous-moi* s'accuse plus ou moins. Il est manifeste chez les expansifs, où il trahit à tout instant le fond de l'âme. Le caractère se révèle avec sa spontanéité vive, franche et parfois brutale. On accuse alors les nerveux d'égoïsme ou de tout autre vice. Ne serait-il pas plus juste d'accuser l'inconscience, d'être indulgent au *moi* qui n'est ni conscient ni responsable des incartades du *sous-moi?* Nous connaissons une fillette expansive qui livre à tout instant les secrets de son âme et qui n'est pas plus mauvaise pour trahir son *sous-moi.* Les caractères concentrés sont moins ardents, moins ouverts : ils tiennent en réserve et sous bonne garde leurs sentiments secrets. En sont-ils meilleurs? Ils ont une volonté plus froide, plus maîtresse d'elle-même et du tempérament. Est-ce un mérite? Ils ont l'avantage

(1) Dʳ Surbled : *Le Tempérament,* Téqui; *Tempéraments et caractères, Les Caractères,* in *Pensée,* 1906.

naturel d'une raison assise, d'une réflexion sérieuse, d'un esprit pondéré, et ils en profitent dans le monde. Valent-ils mieux que les autres?

Entre les hystériques et les bien portants s'échelonnent des degrés nombreux de *nerveux* qui participent dans une mesure variable à l'infirmité mentale des premiers et sont plus ou moins sous la domination de leur *sous-moi*. Les *impulsifs* et, à un moindre degré, les *expansifs* sont journellement exposés à perdre le gouvernement de leur vie, à l'abandonner à la cérébration inconsciente ou plus exactement subconsciente. Les *neurasthéniques* qui sont légion à notre époque accusent encore une plus forte désagrégation psychique. Ils n'ont pas, comme les précédents, une santé psycho-sensible normale, tout en n'étant pas des malades au sens strict du terme : ils sont plus ou moins excités, plus ou moins frappés d'aboulie, ont la sensibilité en excès et la volonté défaillante, ils ne présentent pas l'exacte pondération des facultés qui fait l'homme raisonnable, ils n'ont pas, en un mot, l'*équilibre mental*.

C'est surtout à leur égard qu'il est juste de dire : Ne les croyez pas *sur parole*. Leur faconde est extrême, intarissable, mais des plus sujettes à caution. Ils ont vite la réputation qu'ils méritent : ils *brodent,* ils ajoutent, ils exagèrent, ils *inventent* à plaisir non seulement sur un point de détail, sur une question particulière, mais sur tous les thèmes qu'ils abordent, sur les plus importants comme sur les plus insignifiants. Et c'est pourquoi on s'en écarte, on s'en méfie, on les qualifie tout bas de *menteurs.*

La grave imputation est-elle fondée? Les *nerveux* sont-ils nécessairement des menteurs quand ils nous trompent, quand ils se trompent? C'est la question qu'il importe de résoudre.

Ce n'est pas d'hier que la vérité est indignement méconnue et trahie par les hommes, et ce n'est pas encore demain que la prudence et la circonspection ne seront plus de mise en présence de leurs affirmations. Le mensonge, hélas ! est *monnaie courante* en ce monde. *Omnis homo mendax.* Le vieux proverbe dit trop vrai. Il faut toujours se tenir dans une juste méfiance et se garder sans cesse de l'erreur. L'homme trompe volontiers son prochain. Mais il ne faut pas forcer la note avec les sceptiques et les misanthropes et dire que l'humanité se partage en deux classes : les trompeurs et les trompés. La vérité est moins triste.

Il y a, grâce à Dieu, des hommes honnêtes, sincères, qui ne *veulent* pas mentir, qui ne mentent pas, qui mettent autant que possible leurs paroles et leurs actes en harmonie avec leur droite conscience et qui, à l'occasion, usent d'une habile restriction mentale pour servir la vérité et ne pas tromper autrui ; mais, avouons-le, l'espèce en est aussi rare que noble. Généralement, dans la pratique de la vie, on ne reste pas fidèle à l'exactitude et à soi-même, on ne garde pas dans toute sa conduite morale l'unité et la rectitude qui conviennent, et, pour arriver à ses fins, on use sans scrupule de l'impudent mensonge et des plus indignes fraudes. *Homo homini lupus,* dit justement le proverbe. La tromperie passe à l'état d'habitude, et la parole qui devrait traduire la pensée ne sert trop souvent qu'à la masquer, à la dénaturer, à la trahir. Il n'y a pas à insister sur ce vice de notre pauvre nature qui est universellement pratiqué et accepté et qui caractérise le *monde.* Il n'a qu'un antidote sérieux et efficace, la foi chrétienne, qui interdit le mensonge et nous oblige à mettre l'unité et la droiture dans toute notre vie, dans nos actes comme dans nos paroles, dans nos sentiments et nos pensées les plus intimes.

Le *mensonge* est un acte vicieux, coupable, interdit : il induit le prochain en erreur, *avec l'intention de tromper,* avec une véritable mauvaise foi. Il doit être soigneusement distingué de l'erreur involontaire, de l'*illusion* où il y a simple ignorance, avec la plus entière bonne foi, sans la moindre volonté de donner une fausse indication et d'égarer autrui.

Ce départ entre le vicieux mensonge et l'innocente tromperie, entre l'acte conscient et voulu, et l'acte subconscient et involontaire, n'est pas toujours fait, et cependant il est indiqué et nécessaire. On accuse particulièrement les *nerveux* de mensonges éhontés, et ils ne sont pas coupables d'une faute si perverse. Ils ne sont pas normaux et ne sauraient être traités comme tels. Ces pauvres névrosés sont les esclaves et les victimes de leur *sous-moi* qui a acquis la prépondérance dans la vie psychique et leur fait commettre journellement des erreurs déplorables qualifiées à tort par le vulgaire de vicieuses habitudes et de méchantes machinations. Leur mal a visiblement détrôné le *moi* conscient et raisonnable, lui a fait perdre la maîtrise sur la pensée et sur la conduite et les rend plus ou moins irresponsables. On croit qu'ils mentent, et de fait ils ne mentent pas.

L'erreur est facile, presque fatale pour ceux qui jugent à première vue, pour le grand nombre. Mais tout observateur qui réfléchit et analyse n'a pas de peine à l'éviter, surtout s'il a l'habitude de voir les malades, s'il est doublé d'un médecin. Les *nerveux* ne nous en imposent pas avec toute leur faconde : ils ne mentent pas, ils sont de bonne foi, ils nous servent avec abondance, d'un premier jet, tout ce que leur *sous-moi* a enregistré, sans le soumettre au jugement du *moi,* sans le passer au crible de la raison. Ce verbiage qui ne manque ni d'agrément ni d'intérêt, ni même de suite, est en grande partie automatique, se débite avec assurance sans la moindre préparation : il accuse une grande exubérance de mots et d'idées et prétend s'imposer. Tout vraisemblable qu'il paraisse, il n'est pas recevable, car personne ne saurait y discerner exactement la part du vrai et celle du faux. Il s'explique facilement par la subconscience qui en est la seule origine et le fécond aliment.

Nous connaissons un neurasthénique posé et intelligent qui se distingue à cet égard par la richesse de son imagination. Il est toujours le héros des histoires les plus fantastiques, les plus extraordinaires; et il vous les narre avec un charme qui plaît, avec une conviction qui impose. N'en croyez pas un mot et gardez-vous de contredire. L'auteur n'est pas le neurasthénique même, c'est son *sous-moi* qui opère en pleine inconscience. Et la preuve, c'est qu'à tout venant notre homme répète son roman à peu près dans les mêmes termes : c'est comme un vivant phonographe. Heureusement, de nouvelles et actives impressions surgissent, un nouveau roman s'élabore dans le riche casier des images, et bientôt les vieux clichés s'éclipsent, disparaissent à jamais au point de ne pouvoir plus tard être remémorés, quand les interlocuteurs trompés veulent en recauser. Comment, dès lors, parler de mensonge, s'indigner et se plaindre quand la volonté de tromper manque, quand le *sous-moi* est si manifestement en cause, quand il fait tous les frais de l'invention, quand la conscience est si peu au courant de l'affaire que la mémoire n'en peut garder la moindre trace?

Égarée sur le terrain d'autrui, cette faculté d'invention qui est purement imaginative s'attaque vite à la réputation et tourne à la calomnie. C'est ainsi que s'expliquent les odieuses dénonciations dont sont trop souvent victimes prêtres et médecins de la part de femmes ou de petites filles nerveuses. Les tribunaux sont appelés à juger les accusations graves qu'elles portent avec une solide conviction et en donnant les détails les plus précis et les plus vraisemblables; et il n'y a parfois pour sauver les innocents que l'*impossibilité* nettement constatée des faits allégués. Le professeur Brouardel a cité plusieurs exemples saisissants de ces mensonges aussi inconscients qu'impudents (1). Les médecins sont assez prévenus pour déjouer à l'occasion ces infernales machinations; mais les prêtres sont infiniment plus exposés à succomber sous leur poids. Un savant théologien nous écrivait à ce propos : « Il y a quelques années, j'ai refusé de dénoncer un confesseur, quoiqu'on me racontât de la manière la plus précise ses mauvaises tentatives. Mais j'ai mis doucement la personne très sincère en contradiction avec elle-même, sans qu'elle s'en doutât. J'ai eu plus tard la preuve que j'avais affaire à une hallucinée. » Ce dernier mot tendrait à faire croire qu'il s'agissait d'une folle : il excède peut-être la pensée de notre correspondant et certainement la vérité. Les *nerveux* ne sont pas fous, et il leur arrive d'émettre sur le compte du prochain des jugements qui sont absolument faux et calomnieux et offrent l'apparence de mensonges nullement innocents.

Le R. P. Poulain a très heureusement relevé dans son grand *Traité de Mystique* (2) « l'illusion ou la maladie spéciale de la mémoire qui consiste à croire se rappeler certains faits, *quoiqu'ils n'aient jamais existé.*

« Cette illusion paraît impossible, et cependant on la constate même en dehors de la mystique : certains esprits *inventent* des histoires et se persuadent qu'elles leur sont arrivées. Ce sont les *inventeurs de bonne foi*. Il

---

(1) *Cours de médecine légale.*
(2) *Les grâces d'oraison,* cinquième édition, p. 338-339.

ne faut pas confondre ce cas avec celui où l'imagination arrive à former un tableau, ni avec un autre beaucoup plus commun, celui des hâbleurs qui, par plaisanterie, racontent des anecdotes imaginaires et finissent à la longue par avoir une demi-persuasion qu'elles sont historiques. Non, ceux dont je parle sont des gens sérieux, qui inventent de toutes pièces, mais *qui croient ce qu'ils disent,* et dès le premier jour.

« Les uns vous racontent leurs voyages dans des contrées lointaines où leurs amis savent très bien qu'ils n'ont jamais été. Ils vous en peignent les moindres circonstances, toujours pittoresques. D'autres croient avoir fait visite à des princes, à des évêques ou autres personnages en vue, qui leur ont confié des secrets ou des appréciations importantes, ou qui les ont chaudement encouragés. D'autres enfin vous décrivent les dangers effroyables auxquels ils ont échappé, ou les indignes persécutions dont ils ont été l'objet.

« On est porté à les croire, car ils ont un tel ton de conviction, puis ils entrent dans de tels détails sur le lieu, l'heure, le dialogue, qu'on se dit : Il est impossible que le fond, au moins, ne soit pas vrai. Et pourtant tout est inventé.

« Ces gens-là ne sont pas des fous; pour tout le reste, ils se montrent raisonnables et intelligents, *quoique généralement agités et en ébullition.* Comment s'expliquer leur aberration? *On l'ignore.* Mais il se fait une confusion bizarre entre leur imagination qui construit une scène et leur mémoire affirmant qu'elle a été réalisée. Leur raison ne fait plus le discernement de ces deux opérations si différentes. Ils commencent probablement par concevoir l'anecdote comme possible en soi, — puis comme possible par eux, — puis comme vraisemblable, — puis comme probable, — puis comme certaine. C'est après cette élaboration inconsciente et quand l'illusion est arrivée à cette maturité complète qu'ils vous font leur narration. » Le cas n'est pas aussi obscur ni aussi complexe que le croit le P. Poulain. Tout le roman d'invention est forgé et se déroule dans le *sous-moi*. La raison de ces *nerveux* est amoindrie, fausse, incapable de faire le tri des idées fausses; et l'imagination demeure la souveraine pourvoyeuse de leur facile faconde. L'automatisme cérébral est seul en jeu. On *invente* une histoire, c'est vrai; mais si on la présente aux autres comme authentique, on se persuade d'abord à soi-même qu'*elle est arrivée,* on est dans la bonne foi.

N'est-ce pas le cas de ces fameux *sourciers* qui découvrent les sources comme d'incomparables magiciens *après avoir secrètement exploré la région avec les médiums nécessaires?* Nous l'avons signalé ailleurs (1) et nous n'y revenons ici que pour rappeler un fait aujourd'hui certain. Les *sourciers* sont des expansifs, des nerveux, et leur tempérament a la part la plus décisive dans le développement de leur merveilleuse faculté. Il n'est donc pas étonnant qu'ils soient, eux aussi, sujets à faire d'innocents mensonges.

Mais, est-il besoin de l'observer, le mal des *nerveux* n'est pas sans entraîner des conséquences graves, fâcheuses. Il est aussi préjudiciable à la vie domestique qu'à la vie sociale, car il les rend entiers et intraitables. Partout ils se montrent vifs, susceptibles, irritables, et se plaisent, à la moindre contrariété ou même sans motif, à déverser par leur langue des flots tumultueux d'expressions équivoques, maladroites, piquantes, injurieuses même, sur lesquelles l'entourage, s'il n'est pas prévenu, peut se méprendre et se fâcher. Ils ne sont pas respon-

(1) Dr SURBLED : *Le Secret des sourciers,* SUEUR.

sables de cette loquacité de mauvais aloi que suscite
toujours l'automatisme cérébral, et il ne faut pas en tenir
compte. L'essentiel est de leur opposer une indifférence
complète, une placidité résolue, une mansuétude inlas-
sable. Le feu qu'allume ainsi le *sous-moi* est de paille :
il s'éteint vite, et de lui-même, si on se garde de le nourrir
et de l'attiser par la moindre attention. Les *nerveux*
doivent toujours être traités comme ils le méritent,
comme des infirmes du cerveau qui ne sont pas responsables de leurs incartades : on l'oublie trop souvent dans
le monde. Que de misères, que de troubles, que de cata-
strophes seraient évités si on avait égard aux faiblesses
humaines, si on répondait aux indications de la science !

CHAPITRE XII

Hystérie.

Les *hystériques* se distinguent des *nerveux* par une aggravation de mal. Chez eux, la dissociation encéphalique est plus complète, et le *sous-moi* opère avec une plus grande inconscience. Aussi le mensonge devient-il fréquent et constitue-t-il une véritable habitude. Les hystériques mentent sans cesse, et, ce qui déconcerte, ils n'ont aucune raison, aucun intérêt qui les pousse à le faire : *ils mentent pour mentir,* comme on dit vulgairement. Cette fâcheuse inclination a longtemps dérouté les observateurs et explique l'erreur des anciens.

Ils comprenaient le mensonge utile, profitable, ils ne comprenaient pas le mensonge vain, infructueux. Et, comme Satan est le père du mensonge, ils n'hésitaient pas à le mettre en cause et à voir sa griffe dans le mal étrange des hystériques. Hélas ! les malheureux n'étaient et ne sont encore *possédés...* que par un *sous-moi* impérieux et tyrannique. C'est l'automatisme cérébral qui opère et explique ces illusions tenaces, ces mensonges à jet continu qui ne servent à rien qu'à nous tromper et à nous égarer.

On devine tous les dangers qui résultent d'une telle disposition, les accusations monstrueuses que formulent les hystériques et qu'ils soutiennent avec une assurance imperturbable, les condamnations d'innocents qui en résultent quelquefois, etc. Tous les auteurs rapportent des cas de ce genre : une femme accuse un individu de l'avoir endormie et d'en avoir abusé pendant l'hypnose, alors qu'elle était inconsciente. Mais tous les experts ne s'accordent pas à regarder comme innocente celle qui accuse et se trompe; certains croient que le sujet n'est pas toujours de bonne foi, qu'il cherche *volontairement* à tromper le médecin et le juge : il faut citer parmi eux M. le professeur J. Grasset (1). Nous estimons que, généralement, la conscience, et par suite la responsabilité, n'est pas entière, qu'elle est plus ou moins atténuée. Le poids de l'accusation n'en persiste pas moins grave, menaçant. Et les tribunaux ont fort à faire. Sur 1,200 plaintes de ce genre déposées en France de 1850 à 1854, 500 étaient sans fondement. En Angleterre, sur une moyenne de 12 plaintes, une seule se montre justifiée. Malgré toute l'habileté des médecins et toute la sagacité des juges, on n'arrive pas toujours à voir clair dans le jeu des hystériques et à dépister leurs ruses.

Un seul exemple suffira à montrer la difficulté du problème : nous l'empruntons au professeur J. Grasset, dont la plume alerte a su doubler l'intérêt de l'observation (2).

« Au mois d'août dernier, alors que je me trouvais en consultation dans un chef-lieu de département éloigné, mon excellent confrère et ami, le Dr X., que je vous demande la permission de ne pas nommer (uniquement pour ne donner aucune indication sur la ville où se sont passées les premières scènes de notre histoire), le Dr X..., dis-je, me mena voir une jeune fille qui présentait des attaques d'hystérie extrêmement remarquables.

« Agée de dix-neuf ans, forte, grande, bien charpentée, la mine intelligente, Louise A... offrait, depuis le mois de septembre 1888, des crises nerveuses, spontanées de deux

---

(1) *L'Hypnotisme et la suggestion*, 1903, p. 449.
(2) *Le Roman d'une hystérique* (*Leçons de clinique médicale*, t. I, p. 401).

types : de grandes crises convulsives (que je vous décrirai tout à l'heure) et de petites crises de sommeil à forme cataleptique et somnambulique. De plus, elle était hypnotisable : son médecin avait pu l'endormir à plusieurs reprises.

« J'assistai à une grande attaque et n'eus aucune peine à diagnostiquer une *hysteria major,* c'est-à-dire une hystérie en forme de clownisme...

« Le docteur et la famille me demandèrent alors à la recevoir à Montpellier, dans mon service de clinique. J'acceptai, et la malade fut, le 7 septembre, admise à l'hôpital Saint-Éloi, où le service, à cette époque et jusqu'à la fin des vacances, était confié à mon excellent collègue M. le professeur agrégé Brousse.

« Le diagnostic d'hystérie se trouva confirmé dès le début. La jeune malade, à des intervalles irréguliers, présenta, durant les vacances et après mon retour dans le service, des crises très curieuses, souvent rapprochées, auxquelles la plupart d'entre vous ont pu assister...

« Le diagnostic n'était donc nullement douteux ; en raison de ses crises et de par ses stigmates, la malade était une grande hystérique.

« Pour compléter le tableau, et comme le Dr X... l'avait annoncé, la jeune fille était hypnotisable. M. Brousse, M. Rauzier (chef de clinique), moi-même dans la suite, l'avons endormie un certain nombre de fois. Je vous résume, d'après l'observation de M. Rauzier, les caractères de ce sommeil provoqué.

« Crises déterminées par la fixation du regard ou d'un objet brillant pendant quelques secondes. Louise ferme les yeux et reste dans la position où elle se trouve, mais présente, dès ce moment, une anesthésie complète. Durant le sommeil, elle cause et répond à toutes les questions ; quand on lui demande ce qu'elle fait, elle répond qu'elle dort. Elle exécute les actes qu'on lui commande,

s'habille sans ouvrir les yeux, s'en va les yeux fermés à tel ou tel point de la salle, va prendre un livre placé sur la table d'une malade et le porte à une autre, etc. »

« Les phénomènes précédents sont susceptibles de subir des transformations, grâce à certaines manœuvres. En voici quelques exemples, tirés des notes quotidiennes de l'observation.

« *18 Septembre*. — Endormie, non plus par fixation, mais par pression des globes oculaires, la malade ne peut plus parler, elle fait signe qu'elle entend, produit les gestes d'une conversation, mais n'émet aucun son. Pas d'anesthésie.

« Elle passe à l'état de catalepsie par l'ouverture des paupières. Le regard devient fixe, l'anesthésie apparaît.

« La *fascination* survient : Louise suit M. Brousse du regard et écarte violemment ceux qui cherchent à s'interposer entre elle et lui. Aucune conversation n'est possible et n'a jamais été possible dans cet état. Réveil en soufflant sur les paupières.

« *20 Septembre*. — Endormie par pression des globes oculaires, la phase de somnambulisme survient d'emblée; la sensibilité n'est absolue qu'au bout d'un instant. A la suite d'une nouvelle pression des globes oculaires, suivie de l'ordre d'ouvrir les yeux, la malade entre en contracture, avec impossibilité de parler; la face est immobile, les yeux sont ouverts. Elle retombe en somnambulisme par pression sur le vertex.

« *23 Septembre*. — Hypnose en état de somnambulisme par pression des globes oculaires. *Extase* par le soulèvement des paupières. Sommeil somnambulique obtenu de nouveau en posant la main sur les yeux. Fascination provoquée par le relèvement des paupières. Retour de la parole et de la forme habituelle de l'hypnose par la pression du vertex. Anesthésie absolue durant toutes ces manœuvres.

« Jamais, au réveil, on n'a pu obtenir l'exécution d'ordres donnés pendant l'hypnose.

« A diverses reprises, on a vu survenir pendant le sommeil une contracture de l'un des membres supérieurs; cette contracture a toujours cédé à la friction des muscles antagonistes.

« Transfert spontané de névralgies et de l'hémianesthésie. »

« Vous le voyez, non seulement notre malade était hypnotisable, mais encore, suivant que l'on variait le mode d'hypnotisation, elle présentait une forme différente de sommeil provoqué.

« Telle est la première partie du roman, consistant dans la présentation et la mise en scène de l'héroïne. Jusqu'ici, rien de bien attrayant : c'est l'histoire classique, banale, presque vulgaire, d'une grande hystérique hypnotisable.

« La deuxième partie est moins banale.

« Réglée à quatorze ans, la jeune fille avait accusé, dès son entrée à l'hôpital, des irrégularités menstruelles. On ne prêta d'abord qu'une médiocre attention à ce symptôme, fréquent chez les hystériques.

« Cependant, le 11 octobre, en présence du ballonnement du ventre qui s'accentuait tous les jours, M. Rauzier crut devoir pratiquer un examen plus approfondi de l'abdomen. Ce fut un examen purement extérieur, mais le palper et l'auscultation révélèrent nettement l'existence d'une grossesse, grossesse déjà avancée et parvenue au moins au cinquième mois.

« C'était là une surprise, et une surprise d'autant plus grande que les allures extérieures de la malade étaient très modestes; elle avait tout à fait l'aspect d'une jeune fille naïve et sage. Je savais, de plus, par le Dr X..., qu'elle appartenait à une famille fort honorable, et je tenais, de sa mère elle-même, avec qui j'avais causé longuement, qu'elle n'avait jamais donné prise à la moindre critique et justifié la moindre observation touchant ses mœurs et sa conduite.

« Il fallut cependant lui annoncer qu'elle était enceinte, et alors, au milieu de sa confusion et de ses larmes, elle raconta la triste histoire qui va suivre et qui pourrait s'ajouter à la liste déjà nombreuse des crimes commis à la faveur, sinon de l'hypnotisme, du moins de l'hystérie :

« Dans les derniers jours de mai 1889, un colporteur était venu chez elle et avait vendu de la toile à sa mère ; la jeune fille était présente. En causant (vous savez combien dans certaines classes de la société l'on est bavard et l'on cause des choses que l'on devrait céler), la mère raconta au colporteur que sa fille était bien malheureuse ; malgré son air de santé, elle avait de grandes attaques durant lesquelles elle perdait connaissance. Le colporteur parut s'intéresser à cette histoire ; reconnaissant des emplettes que la mère avait faites, il promit d'apporter une douzaine de mouchoirs en étrennes à la jeune fille. Peu de jours après, en effet, il revient, croise en route la mère qu'il feint de ne pas voir et trouve la jeune fille toute seule. « Je vais chercher ma mère », dit-elle. — « C'est inutile », répond le colporteur. Il se jette sur elle. La jeune fille tombe en crise, perd connaissance et ne se rappelle plus rien. Quand elle reprend ses sens, le colporteur a disparu, et, depuis, on ne l'a plus revu.

« Au retour de sa mère, Louise lui raconte tout. La bonne femme, émue à la façon de certaines gens du peuple, pousse des cris, se lamente en famille, mais ne songe pas à poursuivre le coupable, ou du moins, soucieuse cette fois du « qu'en dira-t-on », ne veut pas saisir la justice. D'ailleurs, la pauvre mère (que j'ai revue le 25 octobre et qui m'a confirmé en tous points le récit de sa fille) ne paraît pas avoir, à ce moment, envisagé la possibilité d'une grossesse dont la révélation est la cause pour elle et sa famille d'un affreux chagrin.

« On endort la jeune fille à plusieurs reprises, et on lui pose, durant le sommeil, des questions sur le viol dont elle a été victime; chaque fois elle répète exactement le même récit.

« Il ne pouvait subsister de doute; nous étions bien en présence d'un fait criminel commis dans les circonstances les plus remarquables : il s'agissait d'un viol commis sur une femme adulte et forte, à la faveur d'une attaque d'hystérie provoquée.

« Comme la malade était hypnotisable et complètement anesthésique pendant le sommeil, nous conçûmes alors la pensée de faire naître, sans que la mère en eût conscience, cet enfant dont la conception avait eu lieu dans l'état d'inconscience.

« Nos dispositions furent prises pour garder la malade dans nos salles jusqu'à l'accouchement, qui devait avoir lieu fin février. On devait endormir la jeune femme dès les premières douleurs, l'accoucher à son insu, et je comptais vous faire ensuite une leçon sur cet enfant, conçu et mis au monde par une mère inconsciente.

« C'est sur ce projet, qui n'a été qu'un rêve, que se termine la deuxième partie de notre histoire.

« Il ne reste plus qu'un acte à vous conter : l'acte du dénouement, avec la moralité de l'histoire.

« Le viol ayant été commis fin mai, l'accouchement devait avoir lieu fin février.

« Or, le 30 décembre au matin, des douleurs surviennent et le travail s'établit. La jeune fille attribue ces phénomènes prématurés à une chute faite la veille dans l'escalier. Un examen complet, pratiqué par M. Rauzier, semble démontrer, au contraire, qu'il s'agit, non point d'une fausse couche, mais bien d'un accouchement à terme.

« Il n'y avait plus qu'à provoquer l'anesthésie hypno-tique.

« M. Rauzier endort la malade, à plusieurs reprises, par les procédés habituels. Le sommeil s'établit chaque fois, mais il cesse aussitôt que survient une contraction utérine un peu violente ; la jeune femme ouvre immédia-tement les yeux, pousse des cris et déclare qu'elle ne peut rester endormie. Il y a loin de là à l'insensibilité absolue de Miss Sterling sous la dent du lion.

« La nuit suivante, l'accouchement se produit réguliè-rement : il se termine par l'expulsion d'un enfant à terme.

« C'était pour nous une déception et une surprise.

« Une déception, parce que nous n'étions point parve-nus à faire expulser sans douleur cet enfant que le col-porteur avait réussi à faire concevoir dans l'état d'in-conscience.

« Une surprise, puisque cet enfant, conçu fin mai, ne devait naître que fin février et n'avait aucun droit à naître à terme fin décembre.

« Cette dernière considération était capitale, mathé-matique, et renversait à elle seule tout le récit, quelque intéressant qu'il fût, de notre malade.

« La conception ayant forcément eu lieu fin mars et non fin mai (date effective de la visite du colporteur), le colporteur devait être innocenté.

« Et déjà M. Rauzier, en digne émule de M. Doppfer, reconstituait par la pensée le véritable roman de la ma-nière suivante :

« La jeune fille, bien que très surveillée par sa famille, a eu un amant. Elle est devenue enceinte en mars, et ses règles ont manqué pour la première fois fin mars. Lorsqu'elle a été certaine, après une deuxième défection menstruelle, fin avril, d'être grosse, elle a imaginé, pour fournir à sa mère une explication relativement honorable, l'aventure du marchand de toile. Celui-ci a existé, il s'est présenté chez elle en mai, il est venu à la maison en l'absence de sa mère (celle-ci l'a en effet rencontré se dirigeant vers sa demeure, alors qu'elle en sortait), mais il n'a fait aucune tentative.

« Ce puissant travail d'imagination terminé, M. Rauzier va trouver sa malade. Avec autorité et assurance, il déclare qu'il sait tout, donne son hypothèse comme vérité démontrée, et ajoute que l'examen complet, pratiqué pendant l'accouchement et à l'occasion de ce dernier, ne permet pas d'accepter la possibilité matérielle d'un viol. La jeune fille fond en larmes et avoue.

« Telle était donc la vérité. L'histoire du colporteur était un pur roman, fruit d'une imagination fertile, vous l'avouerez.

« Cette constatation avait une autre conséquence.

« Vous vous rappelez que la jeune fille avait textuellement maintenu son récit au cours du sommeil provoqué, vous vous souvenez aussi que ce sommeil avait bien vite cédé, devant les douleurs de l'accouchement. D'où cette deuxième conclusion que le sommeil provoqué était lui-même simulé. Poussée à bout, pressée par la rigueur du raisonnement, elle finit par avouer la simulation.

« Ces aveux étaient-ils bien véridiques? Ne pouvaient-ils constituer, en dehors de toute vérité, un moyen comme un autre d'attirer l'attention, de rappeler un intérêt que des observateurs blasés sur les manifestations si souvent répétées de sa maladie commençaient à lui refuser?

« Une dernière expérience a mis le fait hors de doute.

« J'étais censé, jusqu'alors, ignorer l'enquête pratiquée par M. Rauzier. Je fais venir la jeune fille au laboratoire. L'hypnose étant produite par le procédé habituel, je vérifiai l'anesthésie qui est absolue; puis brusquement je lui annonce que je sais tout et qu'il est inutile de continuer à nous tromper. Aussitôt elle ouvre les yeux, place sa main devant sa figure et s'en va en pleurant.

« Donc, les scènes de sommeil provoqué, dont je vous donnais plus haut le détail, étaient simulées, tout au moins en grande partie. Que la fixation du regard provoquât, chez cette hystérique, un léger degré d'hypnose s'accompagnant d'insensibilité, c'est possible; mais, en tout cas, l'ensemble des actes et phénomènes accomplis durant le sommeil étaient simulés.

« Également simulées étaient les crises spontanées affectant la forme du sommeil.

« Il ne restait plus, pour connaître l'histoire dans son entier, qu'à savoir où la jeune fille avait fait une éducation hypnotique aussi complète. Il paraît démontré que, chez elle, elle lisait peu, ne sortait pas; jamais on ne l'avait fait assister à des séances publiques d'hypnotisme. Et pourtant elle jouait admirablement son rôle; la fascination, notamment, était merveilleusement simulée.

« Longtemps elle refusa de parler, niant toute initiation et prétendant que tous les phénomènes accomplis étaient du ressort de son imagination personnelle. De question en question, M. Rauzier finit par lui faire avouer qu'un sien cousin (peut-être le sosie du colporteur) hypnotisait fréquemment une bonne en sa présence. Telle était l'origine de son apprentissage hypnotique.

« Voilà donc une hystérique (l'hystérie ne saurait être contestée, en raison des stigmates qu'elle présente et des grandes crises, dont la simulation paraît impossible) qui, pour le seul plaisir d'être intéressante, et avant d'avoir besoin de l'hypnotisme pour justifier ses fredaines, commença devant le Dr X... à simuler l'hypnose. Plus tard, ayant un amant et devenant enceinte, elle imagine d'utiliser ses connaissances pour accuser un innocent et se transformer en victime.

« Réfléchissez aux conséquences effroyables que pouvait avoir cette accusation.

« Supposez — ce qui n'a rien d'impossible — des parents moins niais, demandant une solution judiciaire à l'accusation de leur fille. Le pauvre colporteur était poursuivi, arrêté. Son affaire était claire malgré ses dénégations, la condamnation n'était pas douteuse; il était facile d'établir qu'il s'était rendu chez la jeune fille, sachant qu'elle avait des attaques à la moindre émotion et que sa mère n'y serait pas.

« Les médecins, consultés au point de vue médical, auraient affirmé que la jeune fille était hystérique et que le crime était possible. Tout se tenait, tout était vraisemblable. Vous entendez d'ici le beau réquisitoire qui écrasait le pauvre diable, certain d'être condamné ! Seul, le père inconnu de l'enfant aurait bien ri pendant les débats.

« Heureusement, pour faire finir notre roman comme un drame de l'ancien temps, par la récompense de la vertu et la réhabilitation de l'innocence, l'accouchement serait peut-être arrivé au moment du départ du colporteur pour Nouméa, et les ongles bien formés de l'enfant à terme auraient pu motiver la grâce du pauvre diable.

« Quel beau sujet de roman, et combien vous trouveriez féconde l'imagination d'un auteur, si vous lisiez ce fait dans un volume à l'usage des gens du monde au lieu de l'observer à l'hôpital !

« Et cependant, c'est une histoire vraie, le roman vécu d'une hystérique. »

La simulation, qui est la forme supérieure du mensonge, qui paraît combiner la fraude avec un plan suivi et un artifice consommé, est fréquente chez les hystériques. Mais est-elle consciente, voulue, comme l'affirme un peu vite M. le professeur Grasset? Toute la question est là.

Notre savant confrère de Montpellier reconnaît lui-même que tout n'était pas simulé chez sa malade (1), que les grandes crises étaient authentiques, que l'hystérie était incontestable. Cet aveu est capital et nous suffit. Pour le reste, il est facile de voir que la ressemblance du simulateur hystérique avec le simulateur conscient et criminel est frappante, complète, et que tous s'y laissent prendre. Mais c'est une illusion. Si l'on observe que l'hystérique est le jouet de l'automatisme cérébral, que tous ses actes sont plus ou moins régis par le *sous-moi* qui a perdu le contrôle et la maîtrise du *moi*, on conclut vite à sa subconscience et à sa responsabilité faible ou nulle.

L'hystérique trompe, ment, simule à plaisir et sans cesse; et ces excès mêmes doivent nous mettre en garde contre les apparences et nous avertir de la désagrégation encéphalique et mentale qui commande une pareille aberration. Le pauvre névrosé ment *comme il respire,* parce qu'il n'est plus maître du jeu cérébral. On ne saurait donc lui reprocher un vice foncièrement organique comme un vice moral, « ce goût inné pour la tromperie, a dit justement, le professeur Ball, qui dépasse la portée ordinaire de la duplicité et du mensonge ». Cette singulière extravagance accuse un mal physique contre lequel l'esprit est impuissant, comme la morale désarmée.

« Rien de plus dangereux, au point de vue scientifique, observe encore le maître que nous venons de citer, que de prendre pour des faits réels toutes les mystifica-

(1) Ses « aveux » sont sujets à caution. On fait dire ce qu'on veut à des *abouliques.*

tions dont sont capables ces personnes, et c'est un écueil que n'ont point toujours évité les observateurs les plus justement célèbres. Mon maître, M. Moreau (de Tours), m'a souvent raconté que, pendant les premiers temps de son service à la Salpêtrière, il avait eu l'idée d'expérimenter les effets du haschisch sur les hystériques de son service, et qu'il avait obtenu les résultats les plus merveilleux. Mais tout à coup, saisi d'un scrupule bien légitime, il substitua des boulettes de mie de pain aux pilules qu'il avait précédemment administrées, et il eut la mortification de voir se reproduire les mêmes symptômes avec une intensité toujours croissante. C'est ainsi que les phénomènes les plus étranges observés chez ces malades peuvent n'être que le fruit d'une simulation plus ou moins habile (1). »

Tous les hypnotiseurs, et à leur tête le célèbre Charcot, ont eu des mésaventures analogues à celle que rapporte Ball, mais on conçoit qu'ils n'ont pas publié de tels insuccès et qu'ils ont eu grand soin de ne pas les ébruiter. On aime la comédie, mais non quand elle se joue à vos dépens. Nous connaissons un médecin qui, pendant de longues semaines, a cru hypnotiser un pauvre névropathe et ne doute peut-être pas encore de sa cure. Le malade a pourtant déclaré depuis à qui voulait l'entendre qu'il n'avait jamais dormi, mais qu'il avait simulé le sommeil pour faire plaisir à son hypnotiseur. Ces faits sont journaliers et ont amené nombre de confrères à douter complètement de la vertu et des procédés de l'hypnose; ce qui est une exagération évidente.

Ce qui est vrai, c'est que les *nerveux*, et surtout les *hystériques*, sont des menteurs enragés, de parfaits simulateurs. Il ne faut jamais ajouter une foi aveugle à ce

(1) *Leçons sur les maladies mentales.*

qu'ils disent ou à ce qu'ils font. Mais ce serait une grave erreur que de leur attribuer une volonté perverse, que de découvrir une intention coupable dans leurs perpétuelles tromperies, qui naissent, nous tenons à le répéter, du fond inépuisable de leur *sous-moi.* Ils mentent, ils simulent par habitude organique, par pure passivité; et, quand ils le font avec un faible degré de conscience, ce n'est pas par malice vicieuse, mais pour avoir la paix, pour répondre à des sollicitations importunes ou fatigantes, pour satisfaire les gens. Ils ne sont pas responsables, ils ne sont pas coupables des aberrations de leur imagination folle, des élucubrations fantaisistes de leur *sous-moi;* ils en sont, hélas! les victimes!

On a dit qu'ils jouaient la comédie.

C'est vrai seulement en apparence, au regard de ceux qui voient sans observer et sans réfléchir. Nous sommes naturellement portés — et cette remarque est essentielle — à juger les autres *d'après nous-mêmes,* à tout apprécier *à notre mesure.* Une telle disposition nous entraîne à commettre plus d'une erreur. C'est ainsi que, dans les asiles d'aliénés, on est tenté de ne pas croire à la folie des pensionnaires qui sont calmes et parlent bien (1); c'est ainsi que l'observation vulgaire des *somnambules* les fait prendre pour des gens conscients et raisonnables; c'est ainsi que, dans un autre et moindre ordre de faits, on attribue spontanément l'*intelligence* aux bêtes, au chien, au singe, qui sont susceptibles d'éducation et de dressage, mais n'ont qu'un bel instinct (2). Nous jugeons sur les apparences, sans prendre garde, sans réfléchir, et l'on sait que les apparences sont souvent trompeuses.

Quelle triste comédie que celle des névrosés! Ils la

(1) Cf. Dr SURBLED : *La Folie,* SUEUR.
(2) IDEM : *Le Problème cérébral,* MASSON.

jouent à leurs dépens comme aux nôtres. Ils sont à plaindre, non à blâmer. Le mal en fait de pauvres infirmes ;
et leur triste sort doit nous rendre indulgents à leurs
écarts, compatissants à leurs misères, avec un fond inépuisable de douce charité pour nos frères déshérités.

Leur état morbide en fait de parfaits automates à la
merci des influences étrangères et, pour tout dire d'un
mot, de la *suggestion*. Supprimez cette toute-puissante
suggestion, et vous aurez perdu la clef des singularités
nerveuses et surtout hystériques. Que disons-nous ? La
suggestion est à la base de toute éducation, à la racine
de toute vie consciente ; et la seule différence des gens
sains aux malades est que les premiers trouvent dans
leur raison bien assise, dans leur forte volonté, le moyen
de résister aux suggestions du dehors et de gouverner
leur sensibilité.

L'homme est un *être enseigné*. C'est dire qu'il est avant
tout un être *sensible,* doublé d'une intelligence. Ses organes nerveux centraux sont comme une cire molle où
s'impriment et s'enregistrent les notions reçues du dehors. Nous vivons d'abord d'impressions, nous sommes
tous plus ou moins tributaires de la *suggestion*. Suggestion de la mère, suggestion des différents membres de la
famille, suggestion du milieu social, suggestion des maîtres, est-ce que la suggestion n'est pas, au cours de notre
existence, et surtout à son début, la première, la grande
éducatrice ?

Quelques auteurs n'ont pas voulu admettre ce rôle et
ont prétendu gravement que l'homme ne s'enseigne pas
par la suggestion, mais par la persuasion. Le D^r Ba-
binski est du nombre ; il affirme (1) que la suggestion se
borne aux idées déraisonnables, n'appartient qu'aux

(1) *Société de neurologie,* 7 novembre 1901.

névrosés, aux hystériques. C'est une prétention insoutenable. Avant d'être accessible au raisonnement, l'homme est ouvert aux impressions sensibles. La sensibilité est la base des facultés spirituelles.

La suggestion est une opération nécessaire, incessante, de notre sensibilité psychique (1). La vie individuelle et sociale en est faite : c'est en quelque sorte son *pain quotidien*. On en use pour le bien comme pour le mal. L'important est de la mettre à profit et de la subordonner à la raison.

Tout homme bien équilibré, conscient de soi-même, ne se laisse pas diriger par sa sensibilité, par ses impressions du moment, il n'obéit qu'aux incitations de son esprit éclairé et décidé. Les suggestions peuvent l'influencer, le pousser, l'ébranler, elles ne le déterminent jamais. Il sait rester maître de lui et gouverner ses actes par la droite raison. Entre la sensibilité affective et l'esprit, les conflits sont forcés, fréquents, mais l'issue n'en saurait être douteuse. La volonté est douée d'une énergie propre et suffisante, elle arrive toujours à maîtriser les sens et à assurer le règne et le triomphe de l'intelligence.

Il n'en est pas de même malheureusement chez les malades cérébraux et surtout chez les hystériques. Ici la raison est diminuée ou absente, incapable de discerner les différentes suggestions et d'en faire le tri. Il n'y a plus, par suite de la maladie encéphalique, la pondération nécessaire entre l'esprit et la sensibilité. Celle-ci est exaltée, prépondérante, elle accapare le gouvernement de la vie. Et il n'est pas surprenant que les suggestions les plus étranges, les idées les plus baroques surgissent dans le champ psychique et s'y donnent libre carrière.

La *suggestion* devient alors la règle de la vie et, n'étant

(1) Cf. Dr SURBLED : *Qu'est-ce que l'hystérie ?* SUEUR,

plus soumise au contrôle de la raison, elle n'a plus le moindre caractère sensé ou utile, elle enregistre comme automatiquement tout ce qui tombe sous l'observation, elle se transforme en copie servile, en pure *imitation*. Le névrosé n'est plus un *être enseigné,* parce que l'enseignement suppose une double collaboration, et que l'esprit manque de pondération et de maîtrise, il devient un *enregistreur* machinal, tout comme le singe ou le perroquet. Et le champ de son activité, bien que des plus étendus, est marqué de la fatale empreinte, comme le montrait récemment un de nos savants confrères, le Dr F. Terrien, médecin de l'asile de Doulon-lès-Nantes.

« Si l'on veut, écrit-il, prendre la peine d'étudier avec soin la genèse des gros accidents de l'hystérie, tels que paralysies, contractures, tremblement, aphonie, cécité, etc., on sera surpris de constater qu'*ils sont souvent le produit de l'imitation*. Un hystérique voit à côté de lui, dans son village, un médullaire qui traîne la jambe, se raidit en marchant, un parkinsonnien dont les membres sont agités d'un tremblement caractéristique, un tuberculeux à qui le larynx touché refuse presque la voix, un coxalgique que la douleur fait boiter, cet hystérique, pour peu qu'il soit impressionnable, — et ils le sont presque tous, — pourra fort bien, suivant le cas dont il est l'attentif témoin, se créer une paralysie ou une contracture, un tremblement rythmé ou une pseudo-coxalgie, etc. *La peur du mal suffit souvent pour créer le mal,* mal psychique bien entendu, chez tous ces prédisposés. L'hystérique a copié fidèlement les manifestations du voisin, si fidèlement que le médecin parfois est susceptible de s'égarer sur la nature de ces manifestations. *Et l'hystérique copie tout.* Ne copie-t-il pas, maintenant que l'appendicite est connue de tous, même du paysan le plus arriéré, ne copie-t-il pas l'appendicite avec tous ces

phénomènes bruyants qui la caractérisent — douleurs vio-
lentes, ballonnements, vomissements, constipation, etc.,
— même la fièvre peut ne pas échapper à l'imitation, il
fait de la pseudo-appendicite hystérique en voyant des
appendicites vraies, j'en ai vu des cas typiques. Et ces
pseudo-méningites, qui n'en a rencontrées? Et même ces
pseudo-ataxies, ces faux diabètes, ces vomissements hystériques de la grossesse? Cherchez bien, fouillez bien la
genèse de toutes ces manifestations dont je viens de parler, vous trouverez assez fréquemment qu'à côté, dans
le voisinage, ou dans la famille, un enfant est mort de
méningite, un homme avait de l'incoordination des membres et marchait difficilement, un parent avait le diabète
sucré, une voisine était enceinte et vomissait (1). »

M. le Dr Terrien donne à l'appui de sa thèse de curieux
exemples, parmi lesquels on nous permettra de citer les
plus caractéristiques.

C'est d'abord l'histoire d'un astasique abasique de la
Vendée. « Ce paysan du Bocage, à trente-trois ans, s'est
vu un jour dans l'impossibilité de marcher, de se tenir
debout, tout en conservant une grande force dynamo-
métrique; de plus, complication rare chez les astasiques
abasiques, il se trouvait en même temps paralysé réelle-
ment des deux mains.

« Après quatre ans de misères où le malade, plutôt
que de rester toute la journée étendu dans un lit, marchait en rampant sur les genoux et sur les avant-bras,
les coudes; après ces quatre années, cet homme qui avait
couru tous les médecins de la région, épuisé sans succès
toutes les médications, est apporté dans mon cabinet et
*en sortait au bout de quelques instants, debout sur ses
jambes,* à sa grande stupéfaction. Il était complètement,

(1) *L'Anjou médical,* février 1906.

radicalement guéri. On l'avait descendu très péniblement de sa charrette; il y remonta seul, sans le secours de personne, au grand étonnement du voiturier qui tremblait d'émotion et de sa femme qui pleurait à chaudes larmes. Le lendemain, il travaillait à la terre. Voilà huit ans que le fait s'est produit, et la santé s'est toujours maintenue excellente. Or, comment ce paysan avait-il fait son astasie abasie, compliquée de paralysie des avant-bras?

« C'était, bien entendu, un prédisposé, un névropathe, appartenant à une grande famille de névropathes. Dans son village, dans la ferme attenant à la sienne, vivait une infirme de soixante-trois ans, qui, depuis quelques années, ne pouvait quitter son fauteuil pour une paralysie des deux jambes. C'était une paraplégie spasmodique, organique, celle-là. Car j'ai eu l'occasion de voir cette malade à ma consultation, puisqu'après la guérison subite de notre astasique (1) arrivaient en foule dans mon cabinet tous les estropiés incurables de la région, véritable cour des miracles. C'eût été grotesque, si ça n'avait pas été profondément triste. C'est à cette vieille paraplégique que j'attribue la maladie de mon Vendéen. Je le laisse parler :

« Un jour, me raconte-t-il, j'éprouvai de la faiblesse dans les deux jambes. Était-ce fatigue? Était-ce autre chose? Je n'en savais rien. Mais l'idée me vint aussitôt que je pouvais être frappé de la même maladie que ma voisine; j'eus peur, j'y pensai constamment, et plus j'étudiais mes jambes, plus je sentais que ma faiblesse augmentait. Je n'en dormais plus la nuit. Et, au bout

_____

(1) Notre confrère avait simplement usé du procédé hypnotique. « La suggestion avait défait rapidement en cinq minutes ce qu'avaient fait l'imitation et l'auto-suggestion. »

de quinze jours ou trois semaines, j'étais si épuisé que je ne
pouvais plus me tenir debout. Bientôt il me fut impossible de me relever. C'est alors que j'ai commencé à marcher sur mes genoux et sur les mains, rampant ainsi
jusque dans la cour, dans les écuries, surveillant mes
domestiques. J'étais même plus malheureux que ma voisine, car mes mains me refusèrent bientôt tout service,
et il fallait me porter les aliments à la bouche. »

Ce cas est des plus remarquables, mais il est loin d'offrir l'extraordinaire intérêt du suivant, où la contagion
de l'exemple a créé une épidémie véritable de pseudo-
coxalgie. « Au petit bourg de Saint-Fulgent, raconte
notre auteur, j'avais placé dans un appareil une jeune
fille de dix-neuf ans pour coxalgie à gauche. Quelques
jours après, je voyais arriver à mon cabinet une jeune
fille du même village, se traînant péniblement, boitant,
souffrant de la hanche :

« Elle a bien peur, dit-elle, d'être atteinte de la même
maladie que sa camarade et d'être mise à son tour dans
un appareil. » — L'affection datait de quelques jours. —
Ce n'est pas tout. Une deuxième, puis une troisième, six
jeunes filles du même village ou des villages voisins,
connaissant toutes ma première malade, se présentèrent
à mon cabinet dans l'espace d'un mois, toujours pour
les mêmes raisons, douleurs à la hanche, claudication,
peur d'être placées dans un appareil. Tant de coxalgies
survenant à la fois chez des jeunes filles qui redoutent
l'affection de leur camarade avec ses conséquences ne
pouvaient être que de fausses coxalgies, des coxalgies
hystériques. C'était exact, et la psychothérapie défit là
aussi en peu de jours ce que l'imitation avait créé. »

Voici un autre exemple non moins typique. « Un enfant,
à la suite d'une diphtérie grave, présente de la paralysie
des deux jambes. Chaque jour je me rendais à la ferme,

pour l'électriser. Je profitais également de ces visites quotidiennes pour examiner avec soin la gorge de tous les autres enfants de la maison. Or, un matin, je ne suis pas peu surpris de constater qu'un des petits frères, âgé de onze ans, marchait péniblement, traînait la jambe. Il est paralysé lui aussi, me dit la mère. Or, cet enfant, je le certifie, n'a jamais eu de fièvre, jamais eu de rougeur à la gorge, n'a jamais eu rien, en un mot, qui pût révéler la diphtérie. — Il n'en a pas moins fait de la paralysie. — C'était évidemment de la paralysie hystérique. Il avait imité, copié la paralysie de son frère. Je n'insisterai pas davantage sur l'étiologie de cet accident, elle est d'une netteté trop manifeste. La psychothérapie a eu rapidement raison de cette pseudo-paralysie toxique. »

Le Dr Terrien rapporte encore l'amusante histoire d'une malade, pensionnaire de son établissement, *qui a fait un superbe Cheyne Stokes* (irrégularité des mouvements respiratoires) après l'avoir entendu raconter à table le cas d'un malade affecté de ce mal. Et il en arrive à avouer une grosse erreur de diagnostic que lui a fait commettre l'imitation hystérique :

« Il y a beaucoup d'appendicites aujourd'hui, écrit-il. *J'estime qu'il y en a trop* pour qu'elles soient toutes réelles, pour qu'elles soient toutes des appendicites vraies. ...Il m'est arrivé, et je n'ai aucune fausse honte à l'avouer, d'avoir commis sur une malade une grossière erreur à ce sujet. Un célèbre chirurgien de mes amis s'est également laissé égarer. Notre malade a été opérée. Qu'a-t-on trouvé? Rien. L'appendice était sain, et sous le champ du microscope ne présentait aucune altération. Je plaide pour nous deux les circonstances atténuantes. Nous étions très excusables. La malade avait la douleur violente dans la fosse iliaque gauche, le ballonnement, des vomissements incoercibles, une constipation que rien ne pouvait enlever, un faciès altéré, et avec tout, cela la fièvre, une fièvre assez forte, 39 et 40 degrés. En fallait-il davantage pour croire à de l'appendicite, pour justifier notre diagnostic? Eh bien ! *c'était de l'appendicite hysté-rique.* J'en ai vu d'autres cas, mais j'ai insisté sur celui-ci, à cause des conséquences qu'a entraînées notre erreur de diagnostic, et aussi à cause d'une particularité que je vais signaler. Dans ce même bourg de Saint-A..., on avait opéré, deux mois auparavant, un malade d'une appendi-cite. L'opération avait fait beaucoup de bruit, comme il arrive toujours dans ces petits villages. Or, je me rap-pelle que, le jour où je fus appelé près de ma malade, elle me fit part de ses craintes au sujet de son affection, qui prenait, disait-elle, les mêmes allures que celles du voisin. Est-ce à dire que c'est à cause de la maladie de ce voisin et de l'opération qui en fut la conséquence qu'elle fit la pseudo-appendicite hystérique? On ne peut évidemment le certifier, mais la probabilité peut être admise. »

Ajoutons que, dans cette épidémie furieuse d'appendi-cites vraies ou supposées dont nos contemporains sont à la fois complices et victimes, l'auto-suggestion n'est pas seule en cause. Nombre de médecins sont de puissants *suggestionneurs,* qu'ils aient ou non conscience de leur devoir. Comment les profanes, toujours si nerveux et impressionnables, résisteraient-ils à une telle action? On les accable de toutes parts de suggestions intéressées ou ignorantes, et ils sont eux-mêmes en proie à la plus ter-rible auto-suggestion. Si les hystériques succombent à la tentation et se donnent un mal imaginaire, les autres n'ont pas toujours le jugement assez froid et assez instruit pour repousser les suggestions du dehors. C'est pourquoi la conscience médicale est si nécessaire quand la vie et la santé des hommes dépendent si étroitement de son verdict : souhaitons qu'elle demeure éclairée, droite, et résiste victorieusement aux souffles délétères du siècle !

Pour en revenir à l'imitation, il est clair qu'elle est une forme de la suggestion toute particulière aux nerveux et aux hystériques, mais qu'on retrouve souvent moins accentuée chez les autres. Ces pauvres malades sont naturellement portés à imiter ce qu'ils observent, jouets misérables de la suggestion. Et ce n'est pas seulement à l'état individuel, mais à l'état collectif, que de tels résultats ont été constatés.

Ainsi s'expliquent nombre d'*épidémies de convulsionnaires* que l'histoire a enregistrées et que nos pères n'arrivaient pas à comprendre. Sans remonter dans le lointain des âges, on peut citer l'affaire de Morzines, en Chablais, qui a vivement occupé l'opinion en 1858-1861 et a eu le rare avantage d'être étudiée sur place par un de nos savants confrères, le Dr Constans (1). Il s'agissait de jeunes filles de onze à vingt ans qui étaient en proie aux crises nerveuses les plus extravagantes et qu'on crut tout d'abord *possédées*. Les exorcismes, loin de mettre un terme au mal, ne firent que l'exaspérer et l'étendre. Bientôt tout le village fut agité et en révolution. Le Dr Constans, envoyé sur les lieux, n'eut pas de peine à constater une épidémie de nature hystérique et la conjura rapidement par l'isolement et l'éloignement des malades.

Les nerveux, les hystériques surtout, sont plus fortement impressionnables, plus exposés à la contagion que d'autres. Mais, de par leur constitution encéphalique, tous les hommes sont enclins à la pure passivité, à l'imitation. Rares sont ceux qui restent fidèles à leur vocation supérieure, dignes de leur qualité d'hommes. Nous

(1) *Relation sur une épidémie d'hystéro-démonopathie*, Paris, DELAHAYE, 1863.

avons marqué plus haut les conditions vraies de notre vie psycho-sensible, mais, hélas ! il faut avouer qu'elles constituent plutôt un programme idéal et sont peu remplies *dans la pratique*.

La plupart des hommes ressemblent aux moutons de Panurge : ils se distinguent par une sensibilité sans frein, par une intelligence sans énergie. Leur cerveau se prête à toutes les impressions, se livre à toutes les impulsions du dehors : cire molle qui se déprime et ne réagit pas par une décision propre et autonome. Ils parlent beaucoup, mais à la manière des vulgaires perroquets. Ils agissent ou plutôt s'agitent sans mesure, mais comme de vains automates. La volonté qui les dirige est étrangère à leur nature; leur personnalité est empruntée, ou, pour mieux dire, n'existe pas. Ils obéissent au vent de l'opinion, à la mode du jour, ils répètent servilement ce qu'ils voient faire ou entendent dire, ils sont les jouets d'une perpétuelle suggestion. Leur veulerie est aussi désastreuse que profonde, mais elle n'est pas incurable.

Qui nous rendra des intelligences libres, des volontés arrêtées, des hommes de foi et de caractère? Dans une récente conférence de Notre-Dame de Paris (4 mars 1906) qui a eu l'honneur d'attirer les foudres du parquet, notre éminent ami M. le chanoine Janvier, O. P., réclamait avec une belle éloquence ce nécessaire relèvement des générations nouvelles : « Il est des êtres si impersonnels, disait-il, que jamais leur idée ne les conduit, jamais ils ne pensent ni ne veulent par eux-mêmes, ils ont des mœurs d'esclaves, *tout commande en eux, excepté eux-mêmes;* ils sont successivement le jouet des partis, des influences qui disposent tour à tour et souverainement de leur esprit et de leur cœur. Race d'enfants, à la merci de leurs instincts, incapables de sagesse et de vertus, car ils ont comme en naissant été dépouillés de toute auto-

nomie. Ils resteront toujours dans cet état inférieur qui
consiste à répéter comme un enfant, à penser sous l'inspiration d'autrui comme un enfant, à raisonner, à remuer
comme un enfant, par pure imitation et pure passivité. »
Nous n'insistons pas sur ce grave défaut d'énergie virile
qui caractérise notre époque et que nous avons déjà eu
l'occasion de signaler ici. Il dépend de chacun de nous
de le combattre et de s'en corriger; mais aujourd'hui *qui
sait vouloir?*

Dans ces tristes conditions, en présence de masses po-
pulaires très impressionnables, où les nerveux sont légion,
où les abouliques et les hystériques se multiplient de plus
en plus à la faveur des excès et du surmenage mondains,
le pouvoir devrait prévenir toute contagion, préserver
avec soin le public de toute sensation mauvaise ou dan-
gereuse, qui fatalement le suggestionne, le corrompt et
le perd. Il aurait pour essentiel et pressant devoir de lui
épargner non seulement la vue horrible et troublante des
maladies et des vices physiques, mais aussi et surtout celle
autrement redoutable des débordements et des vices moraux. Or, que font nos invraisemblables gouvernants?
Ils se montrent les aveugles serviteurs de l'anarchie, et
non les fidèles soutiens de l'ordre. Ils lâchent et excitent
la *bête,* au lieu de la museler et de la mater. Loin de s'attacher à surveiller étroitement la presse, le théâtre, la
rue, ils y laissent le champ libre aux plus grossières excitations, aux pires insanités. Comment s'étonner du dé-
vergondage des mœurs, de l'accroissement de la crimi-
nalité, de la décadence du pays, quand le pouvoir y prête
lui-même les mains, quand l'enseignement du vice est
public, général, comme autorisé?

L'homme est toujours un *être enseigné,* un corps doublé d'une âme; mais il est plus sensible aux excitations
du mal qu'aux incitations du bien, il est plus porté à

suivre les inclinations de la *bête* qu'à obéir aux indications de l'*esprit*. Lorsque son âme n'a pas le contre-poids de l'enseignement moral et religieux, lorsque ses nerfs surtout sont détraqués ou affolés par l'hérédité ou la vie mondaine, il est naturellement appelé à subir les mauvaises suggestions, à imiter docilement les débauchés et les vicieux. On ne devrait lui offrir que de bons conseils et de bons exemples, on l'abreuve aux sources empoisonnées du mal après lui avoir fermé le Ciel. Le résultat est fatal autant que navrant : *on récolte ce qu'on a semé!*

CHAPITRE XIII

Hypnose.

L'hystérie confine à la folie dans ses cas graves, mais elle n'a pas d'ordinaire ce redoutable terme. Toutefois, ses victimes restent exposées aux plus graves vicissitudes de la vie par suite de l'exubérance de leur sensibilité affective et de l'instabilité de leur volonté. Ce sont par surcroît des sujets prédisposés, et comme de choix, de l'*hypnose.*

Qu'est-ce que l'*hypnose?*

C'est un sommeil nerveux provoqué. Il résulte de l'emploi de moyens artificiels et extérieurs, tels que fixité du regard, fixation d'un objet brillant, convergence des axes visuels, sensation légère répétée, monotone, soutenue, ou sensation vive et rapide, etc. Tous ces moyens n'agissent qu'à une condition psychique : le consentement du sujet, l'abandon de sa volonté à l'hypnotiseur.

Tout le monde n'est pas hypnotisable. La plupart des personnes saines de corps et d'esprit résistent à l'hypnose ou ne l'éprouvent que très superficiellement. Au contraire, les nerveux et surtout les névropathes et les hystériques y sont très sensibles (1).

Le sommeil provoqué peut durer longtemps; mais, d'ordinaire, il est assez court. Certains hypnotisés se

(1) Nous avons insisté dans notre *Morale,* t. IV, sur ce point important contesté par les charlatans et par certains professionnels.

réveillent spontanément; d'autres au départ de l'opéra-
teur, à un bruit quelconque. Mais, le plus souvent, le
retour à la veille s'opère au commandement ou en soufflant légèrement sur les yeux.

Le sujet hypnotisé peut présenter isolément ou successivement trois états assez différents qui sont : la *léthargie,* la *catalepsie* et le *somnambulisme.*

La *léthargie* a beaucoup d'analogie avec le sommeil
naturel : elle est caractérisée par un assoupissement profond, par la perte du sentiment et de la sensibilité.

La *catalepsie* se distingue par de curieuses modifications de la contractilité musculaire et par la *seule* conservation des sens spéciaux qui permet les suggestions.

Le *somnambulisme,* également accessible à la suggestion, est caractérisé par la perte de la conscience et par
l'exagération de certaines fonctions cérébrales (*sous-moi*)
qui donnent lieu à un automatisme remarquable.

La suggestion, spéciale aux deux dernières formes
d'hypnose, peut se définir : l'influence exercée par une
personne étrangère sur la cérébration d'un sujet hypnotisé, que cette influence se fasse par des paroles et des
injonctions, par des impressions sensibles ou même à
l'aide du sens musculaire (positions données aux membres, par exemple). On arrive ainsi à des effets étonnants,
on détermine par exemple des contractures ou des paralysies musculaires, la rigidité d'un membre, la flaccidité
d'un autre; bien mieux, on agit sur l'imagination et la
mémoire, opérant en quelque sorte la métamorphose de
la conscience, le changement de la personnalité. On transforme un hypnotisé en enfant, en jeune fille, en vieillard,
en avocat, en chien; et toute l'activité cérébrale se porte
à nous donner la représentation du personnage fictive-
ment évoqué. La suggestion n'est pas toujours immé-
diate : on peut en retarder l'éclosion, en retarder l'exé-

cution après le réveil, à plusieurs semaines, à plusieurs mois de distance. L'idée suggérée s'emmagasine dans le cerveau, y demeure ensevelie pour ne surgir qu'au terme marqué, au signal donné : gardée par l'inconscience, elle apparaît brusquement au sujet et s'impose à la volonté, comme si elle émanait à l'instant même de sa propre initiative.

Toutes les suggestions sont-elles possibles? Peut-on résister à une suggestion donnée? La réponse n'est plus douteuse aujourd'hui, en dépit des prétentions de charlatans de carrefour. L'unité de notre vie psychique est incontestable. La cérébration inconsciente n'est pas entièrement indépendante de l'esprit qui a présidé à sa formation. Le *sous-moi* demeure lié au *moi,* même quand ces deux facteurs de notre personnalité se trouvent quelque peu séparés. Il en résulte que l'inconscience garde toujours l'empreinte de la conscience, à laquelle elle sert de substratum. Toutes les fois qu'une chose lui déplaît ou lui répugne, l'hypnotisé cède difficilement ou lentement, il refuse absolument si l'acte qu'on lui propose est coupable aux yeux de sa conscience. Une hystérique honnête ne fera rien d'indélicat, ne permettra aucun attentat à sa pudeur, aucun manquement à sa foi. Les vols, les crimes qu'on a pu figurer dans les séances publiques de la Salpêtrière ne sont possibles qu'avec des sujets de moralité douteuse et soumis par surcroît à un long et artificiel entraînement. En fait, l'inconscience livrée à elle-même traduit toujours plus ou moins nos habitudes, notre mode de vie, notre état d'âme. Et la conscience demeure la loi souveraine de tout notre être.

Comme le sommeil naturel, l'hypnose consiste dans une dissociation de la vie encéphalique, dans une séparation momentanée du *moi* et du *sous-moi.* La vie affective est

altérée, déprimée, presque latente; la volonté, l'attention, sont perdues ou, du moins, subissent une perturbation profonde : la conscience n'existe plus. L'unité de
notre vie sensible semble brisée, et le cerveau, livré aux
suggestions du dehors, n'est plus capable que d'un automatisme aussi parfait qu'inconscient. Le *sous-moi* règne
en maître et agit en aveugle.

CHAPITRE XIV

Sourciers, médiums, etc.

Les merveilles du spiritisme, qui ont déconcerté nos pères, ne font plus peur à la science sérieuse; et déjà les travaux se multiplient pour en donner une explication naturelle et suffisante. Est-ce à dire que la supercherie soit étrangère à la pratique des médiums et que le diable n'y ait aucune part? Loin de nous cette pensée. Il y a bien des cas truqués, et d'autres où une intervention surnaturelle d'ordre mauvais n'est pas contestable. Mais, ces cas mis de côté, il reste une large marge au compte de la nature et de la cérébration inconsciente. Nous sommes fier d'avoir revendiqué et établi un des premiers sur ce point les droits de la science (1).

On sait que c'est un Français, Chevreul, qui proposa la première théorie d'explication des *tables tournantes* en 1834, puis en 1853. Ses nombreuses expériences avec le *pendule explorateur* l'amenèrent à conclure « que la pensée d'un mouvement à produire peut mouvoir nos muscles, sans que nous ayons ni la volonté ni la connaissance de ce mouvement ». Il y a là une idée heureuse, la vue nette de l'automatisme cérébral; mais est-ce suffisant pour expliquer les tables tournantes?

A côté du pendule explorateur se place la *baguette divinatoire,* avec la belle et surprenante industrie des *sourciers.* Voilà des gens d'ordinaire sans culture qui, du

(1) Dr SURBLED : *Spirites et Médiums,* AMAT, 1901,

premier coup, découvrent les sources que recèle le sol. Ils ne les *voient* pas, ils les pressentent, ils les devinent par un don spécial. L'utilité d'un instrument en bois ou en métal n'est pas contestable; mais à la rigueur il n'est pas nécessaire. Comme l'écrivait un habile sourcier, « la découverte des sources *vient d'une sensation physique,* transmise par la baguette ou le pendule ». Cette sensation tient évidemment à la nature du tempérament. N'est pas sourcier qui veut : il y faut une disposition spéciale. Les gens excitables, vifs, nerveux, sont particulièrement aptes à être sourciers. Leur secret nous paraît être naturel, *et d'ordre magnétique.* Tout le démontre : le tempérament excitable des sujets, leurs sensations spéciales, profondes et irréductibles, l'inconscience et le rôle tout passif de leurs facultés psychiques. Les expressions mêmes dont ils se servent sont caractéristiques : *ils se sentent attirés comme par un aimant, ils subissent une attraction.* Mais quelle est la nature de l'attraction exercée? Comment cette influence *magnétique* s'exerce-t-elle? C'est ce qu'on ignore (1).

M. le Dr Grasset a prétendu expliquer la merveille des sourciers par le seul automatisme cérébral : « Sans que le sujet le veuille, sans qu'il s'en doute, *sa pensée passe dans ses doigts,* et la baguette tourne. » Le mécanisme n'est pas si simple, et sa mise en mouvement réclame, selon nous, l'action du *magnétisme animal.* Mais le problème reste très obscur. L'avenir l'éclaircira.

L'automatisme cérébral n'explique pas davantage à lui seul le *cumberlandisme,* ne rend pas compte de la *lecture des pensées.* On cache un objet à l'insu du sujet.

---

(1) Cf. nos travaux sur la question : *Le Secret des Sourciers,* Sueur; Article *Sourciers,* du *Dictionnaire d'apologétique,* Beauchesne.

Puis une personne qui est au courant de la cachette se met en relation avec ce sujet en lui touchant la main ou la tempe. Elle pense fortement à l'endroit où est l'objet, et c'est assez pour que le sujet y aille tout droit et le découvre. De même, on pense un acte à accomplir, un numéro à trouver; et l'expérience réussit à merveille. Mais il y a des sujets plus ou moins habiles, des sujets prédisposés et hors ligne. C'est la preuve que l'automatisme n'est pas seul en cause et qu'il obéit à une *force vitale ou magnétique* dont les nerveux sont surabondamment pourvus. La même condition se retrouve pour les merveilles de l'hypnose.

C'est la force vitale qui préside encore aux mouvements des tables et, en général, à tous les prodiges du spiritisme, avec la réserve expresse que nous avons marquée plus haut. Les *médiums* agissent dans un état second qui n'est pas contestable (*transe*) et qui accuse une dissociation profonde des centres encéphaliques. Comme nous l'avons écrit, il y a longtemps, « le médium n'opère pas seulement par ses muscles, il agit d'abord et surtout par ses nerfs et son cerveau; la *force psychique* ou *vitale* qu'il déploie pour produire ses merveilleux effets est considérable, et il faut en tenir compte. C'est ce que n'avait pas fait Chevreul (1). »

L'état médiumnique est tout spécial, et nul ne songe à le considérer comme normal. Le Dr Pierre Janet a justement fait ressortir les analogies frappantes qui rapprochent la transe du médium et les crises du somnambule. Comment s'étonner de ce rapport? Tous les médiums ne sont-ils pas des nerveux, des névropathes, voire

(1) Dr Surbled : *Le Diable et les Médiums*, Sueur. Cf. aussi *Spirites et Médiums*, Amat; *Le Spiritisme devant la science. Les phénomènes psychiques,* Sueur.

même des hystériques? Et il ne faut pas être surpris
d'observer l'alternance et en quelque sorte la confusion
des deux états : les crises de somnambulisme et les crises
de spiritisme peuvent se joindre, s'enchevêtrer ou se suc-
céder. Malheureusement, si nous savons que ces états
manifestent une dissociation des centres encéphaliques,
nous ignorons encore leur mécanisme intime, ce qui fait
leur fond commun. L'hystérie demeure une énigme de
la science.

CHAPITRE XV

Folie.

Les hystériques, ces sujets *de choix* de l'hypnose, sont des êtres diminués, des malades. Leur volonté est faible, instable, leur sensibilité extrême, leur responsabilité plus ou moins atténuée. Ils constituent le trait d'union, le pont en quelque sorte qui joint les personnes saines d'esprit et de corps aux malades mentaux, aux aliénés, aux fous.

La folie, que nous n'avons pas le dessein d'étudier ici (1), accuse une dissociation complète et permanente du *moi* et du *sous-moi*. Ses malheureuses victimes sont privées de raison et de liberté, en proie à une cérébration inconsciente que viennent alimenter des passions exubérantes et maîtresses. Comme nous l'avons écrit, « toutes les formes d'aliénation mentale accusent, à des degrés divers, la perte de la raison et l'excessif développement de la vie affective. D'une part, les passions sont exaltées et maîtresses; de l'autre, la volonté défaille et la liberté sombre... Le fou n'est pas libre, n'est pas responsable. A l'état normal, l'âme est maîtresse du corps qu'elle anime, la volonté gouverne la sensibilité. Dans l'aliénation, au contraire, l'esprit est assujetti à la sensibilité et devient véritablement l'esclave du cerveau. »

Le problème est ainsi bien posé; mais on peut le serrer de plus près. Sans doute, la cause de la folie nous échappe,

(1) Cf. Dr SURBLED : *La Folie,* SUEUR.

et toutes les explications savantes qu'on a proposées ne valent pas l'humble aveu de notre ignorance. Ce qui est acquis du moins, c'est la dissociation encéphalique, c'est la rupture entre le *moi* et le *sous-moi*. Le fou a certainement le sens de sa personnalité, mais il n'a plus la conscience pleine de ses actes, il n'a plus ni réflexion, ni raison. Et il est le jouet de sa cérébration inconsciente.

Cette cérébration déroule automatiquement ses images, accapare le champ de l'introspection et cause au pauvre aliéné les impressions les plus extravagantes, les illusions les plus pénibles. Jamais elles ne sont rectifiées ni dissipées, parce que le *moi* a rompu ses liens avec le *sous-moi* et qu'il n'est plus là pour formuler ses jugements conscients et raisonnables. L'absence de ce frein directeur se constate à tout instant, mais elle n'est jamais plus évidente que dans les hallucinations si tenaces du début et surtout dans la *coprolalie*.

On désigne sous ce nom la manie que possède nombre de fous de prononcer à tout propos et hors de tout propos des mots orduriers et grossiers. Elle est spéciale aux personnes d'un rang élevé, d'un milieu social cultivé et distingué. Son mécanisme s'explique facilement.

Ces personnes, avant de perdre la raison, avaient la réserve d'usage, la tenue qui convient : elles gardaient avec soin dans leur inconscience les expressions inconvenantes qu'on ne manque pas d'entendre dans la rue, de la bouche du peuple, elles ne les laissaient jamais arriver à leurs lèvres. Il y a là un acte délibéré de la volonté qui se transforme en une bonne et indéracinable habitude. Mais, le jour où se produit la maladie mentale, le frein disparaît, et la civilité avec elle. Les expressions grossières, longtemps comprimées dans le cerveau, s'échappent brutalement et viennent naturellement émailler le discours. Le *sous-moi* accuse ainsi son triomphe.

Ce *sous-moi* tout-puissant ne cesse pas de garder le sens, nous allions dire l'empreinte, de la personnalité qui appartenait autrefois au *moi* intimement associé avec lui. Le fou reste conscient de son être, mais toute sa vie se concentre dans la cérébration automatique : il n'est plus maître de lui, conscient de ses actes, capable de se diriger dans le dédale de sa mémoire et dans les profondeurs de son imagination, il est en un mot *aliéné*. Mais, toute diminuée ou altérée qu'elle soit, sa personne demeure; et si la guérison survient, on la voit sortir triomphante de ses ruines.

Si la personnalité ne se perd jamais complètement, il est aussi vrai de dire qu'elle ne se dédouble pas davantage. On a fait grand bruit auprès de certains *cérébraux* qui présentaient d'étranges *amnésies* transitoires, et on y a vu des cas de *double personnalité*. C'est une illusion trompeuse. Il semble, en effet, que le *moi* altéré se décompose, se dédouble, quand la nature des sensations change. Ainsi l'on voit surgir successivement, chez le même individu, comme deux états conscients distincts, séparés et opposés en quelque sorte, états caractérisés par l'interruption de la mémoire et l'impossibilité, dans un état, de se souvenir de l'autre (cas de Félida du Dr Azam).

En fait, ce qui est en cause, ce n'est pas le *moi*, c'est le *sous-moi,* c'est l'organe cérébral de la mémoire. Ces cas curieux et rares se rapportent à une simple *amnésie*. Il n'y a ni *double conscience,* ni *double personnalité*. Le cerveau est gravement altéré au niveau des casiers de la mémoire; et certaines images y demeurent temporairement enfouies, incapables de la moindre évocation. Le *moi* n'est ni scindé, ni altéré, il n'est pas dupe des apparences de dissociation qu'il présente, il en est victime et reste substantiellement un et identique à lui-même. Les amnésiques ont si peu *deux* consciences qu'ils sentent très bien les lacunes de leur mémoire et qu'ils s'attribuent nettement leurs oublis. Ils marquent ainsi que ce qui change ce n'est pas leur *moi,* mais leur *sous-moi,* c'est-à-dire certains centres corticaux qui, normalement chargés de retenir les images, se trouvent momentanément altérés et incapables de remplir leur office. En d'autres termes, ce qui change, ce n'est pas la personne, c'est son contenu, c'est le faisceau d'images que fournit la mémoire dans la cérébration inconsciente.

CHAPITRE XVI

La théorie de Grasset.

Le *moi* et le *sous-moi* sont deux facteurs normalement associés et solidaires de la vie cérébrale : ils demeurent plus ou moins unis dans nos actes conscients, et c'est seulement dans le rêve et dans certains états spéciaux ou morbides qu'on constate le relâchement de leurs liens.

Voilà le fait qui nous paraît démontré, incontestable. Son importance est considérable; car il établit la personne humaine dans son unité fondamentale contre toutes les prétentions des matérialistes.

Il nous reste à voir si la science actuelle va plus loin dans l'étude difficile du *moi* et du *sous-moi,* si elle permet de pénétrer leur nature, leurs communes relations et surtout leur siège. Ce sont là des problèmes aussi ardus que nouveaux : malgré de louables efforts, ils ne nous paraissent pas encore résolus.

C'est assurément M. le professeur J. Grasset, de Montpellier, qui s'est montré le plus original, nous ne disons pas le plus exact, dans ses essais d'explication. Pour lui, il y a dans le cerveau deux centres distincts et séparés : l'un, *centre O,* affecté au psychisme supérieur, au *moi;* l'autre, le *polygone,* consacré au psychisme inférieur, à l'inconscient ou au *sous-moi.* Nous avons exposé ailleurs (1) cette curieuse théorie, et nous n'y reviendrons pas. Pour notre savant confrère, son dualisme organique

(1) Dr Surbled : *Le Spiritisme devant la science,* Sueur.

8

explique tout, et il ne manque pas une occasion de le rappeler. S'agit-il de l'amusante anecdote de Xavier de Maistre rapportée plus haut, il n'hésite pas à écrire : « Le célèbre écrivain a gracieusement dépeint les actes de son *polygone* qui le conduit chez Mᵐᵉ de Hautcastel quand O voudrait et pense aller à la cour, polygone qui fait et prend le café, se brûle les doigts en faisant griller le pain, et, sans M. Joannetti, mettrait ses bas à l'envers ou sortirait sans épée. »

Le malheur est que la théorie, si ingénieuse qu'elle soit, n'est pas fondée sur les faits. Le dualisme cérébral est hypothétique. Le polygone n'est qu'un artificiel schéma. Le centre O est encore moins vérifié, ne trouve sa place nulle part. « Je concède, déclare le Dʳ Grasset, *que nous ne savons pas où siège O.* » Dans ces conditions, quelle valeur attribuer à une théorie qui prétend être physiologique et qui n'a pas la moindre base anatomique? En vérité, notre professeur se contente de peu... ou de rien.

Aucun de ses confrères n'a paru décidé à le suivre dans cette voie douteuse. La plupart ont gardé une absolue réserve. Plusieurs, notamment le professeur Pitres, le professeur Joffroy, ont manifesté une opposition très fondée sur laquelle nous devons nous arrêter.

L'éminent Dʳ Joffroy remarquait justement au Congrès de Grenoble (1) que les neurones du psychisme inférieur et les neurones du psychisme supérieur n'apparaissent nullement distincts les uns des autres. Il rappelait qu'un acte volontaire, justifié au début, devient ensuite automatique et constitue un tic : l'acte a-t-il changé de siège et de centre et est-il passé des neurones supérieurs aux neurones inférieurs? « Je sais bien, ajoute-t-il,

(1) JOFFROY : *Revue neurologique,* 1902, p. 784.

qu'il faut distinguer les actes volontaires des actes automatiques, mais je ne pense pas qu'il soit nécessaire de
faire présider des neurones différents à leur production.
J'admettrais volontiers que les actes nous semblent automatiques quand, sous l'influence de l'habitude, les neurones en jeu sont capables de réagir sous des excitations
extrêmement faibles. »

Ce sentiment du maître est plein de sagesse. C'est aussi
celui du Dr Pierre Janet : « Au point de vue psychologique, écrit-il, la distinction de deux degrés de la conscience est loin d'être absolue, *il y a bien des formes de
transition,* et il ne faut pas oublier qu'un même phénomène psychologique par l'effet de la répétition et de
l'habitude passe de l'une de ces formes de conscience
à l'autre. Serait-il impossible d'imaginer que *ces deux
formes de la conscience représentent deux degrés d'activité qui peuvent appartenir à tous les centres du cerveau?...* »

Voilà qui met la question au point. La scission du *moi*
et du *sous-moi* est presque toujours incomplète, partielle :
elle n'est absolue que dans certains cas de folie, dans la
démence confirmée. D'ordinaire, comme on l'a vu au
cours de notre étude, le *moi* et le *sous-moi* sont plus ou
moins désunis, mais ne sont pas entièrement séparés :
leurs liens sont relâchés, non rompus. C'est ce que n'a
pas voulu voir le Dr Grasset. Notre confrère, plein de
sa chère théorie, ne reconnaît pas les transitions, les
degrés qui relient généralement la pleine conscience à
l'inconscience, le *moi* au *sous-moi,* et il ne voit que des
situations tranchées, alors que les faits n'en présentent
jamais, *la nature ne faisant pas de saut.* Quand le professeur Joffroy lui objecte qu'un acte primitivement volontaire passe insensiblement à l'automatisme, sans pour
cela changer de centre, il répond : « Non, l'acte n'a pas

changé de siège : *le siège s'est simplifié.* Dans l'acte volontaire normal, les deux ordres de centres psychiques inter-
viennent et collaborent d'une manière inextricable. Quand
l'acte cesse d'être volontaire et devient automatique, les
neurones supérieurs cessent d'y présider, et les neurones
inférieurs continuent seuls à fonctionner, désagrégés de
leur centre O. »

Ce qui est simplifié ici, ce n'est pas le siège, comme
l'affirme le Dr Grasset, c'est la vérité des faits. Il n'y a
aucun hiatus entre l'acte conscient et l'acte automatique.
De nombreux degrés les relient, allant de la pleine conscience à l'inconscience absolue. Notre confrère de Montpellier ne veut pas les voir, pour ne pas en tenir compte,
parce qu'ils gênent et contredisent sa théorie. Nous pré-
férons laisser de côté cette théorie invérifiée et nous attacher aux faits *pratiques* qui ont seuls une valeur sérieuse.
Natura non facit saltus, disait Linné. Ajoutons que la
nature arrive à ses fins par les procédés les plus simples.
Elle ne saurait constituer deux catégories de centres cérébraux, quand une seule suffit au fonctionnement sensible. C'est le même argument que nous avons opposé naguère aux auteurs (Luys, Ferrand, etc.) qui admettaient
deux centres distincts pour la sensation, l'un dans les
ganglions centraux, l'autre dans l'écorce cérébrale (1); et
la suite nous a donné pleinement raison.

Le *moi* et le *sous-moi* ont le même substratum organique, le même siège cérébral. Chaque centre peut être
tour à tour et successivement en fonction de la conscience
et de l'inconscience. Pourquoi? Parce que, dans la vie
normale ou troublée, ces deux facteurs se trouvent incessamment unis et associés. Mille degrés intermédiaires les

---

(1) Dr SURBLED : *Le Cerveau et le siège de la sensation,*
SUEUR.

joignent. C'est l'inconscience qui préside aux linéaments de l'impression corticale, à la formation de la sensation; mais c'est la conscience qui gouverne la vie cérébrale et assure la perception et la conservation des images. Le *moi* est le maître incontestable de la vie psychique; mais aussi le *sous-moi* en demeure la base inaliénable, le fondement solide. C'est de leur consensus que résulte le fonctionnement complexe et toujours un du psychisme.

Comment s'opère leur dissociation dans certains actes de notre existence normale, dans les troubles anormaux ou pathologiques que nous avons signalés? C'est ce que n'a pas encore élucidé la science et ce qui préoccupe vivement les chercheurs. Nous avons vu que la théorie du Dʳ Grasset n'est pas acceptable. Ne peut-on imaginer une théorie moins aventureuse et plus vérifiée? Pourquoi toujours chercher dans le *seul* cerveau la cause de la dissociation psychologique? Pourquoi ne pas attribuer cette dissociation autrement et ailleurs, entre les organes de l'encéphale? C'est l'hypothèse que nous avons développée dans plusieurs de nos livres (1) et qu'il nous reste à exposer rapidement.

---

(1) *Le Sommeil,* 1893; *Éléments de psychologie,* 1894; *La Volonté,* 1894; *La Folie,* 1895; *Le Rêve,* 1895; *La Raison,* 1900; *La Conscience,* 1900, etc., Sueur.

CHAPITRE XVII

Notre théorie.

Les erreurs de la philosophie et de la science doivent en partie leur long règne à notre ignorance de la constitution encéphalique, de la physiologie des centres nerveux. Il faut avoir le courage de le dire en face des grands mots et des mensonges de la science officielle, cette ignorance est encore profonde. Nous nous flattons de l'avoir dénoncée, en toute vérité, dans un de nos livres (1), et nous n'avons pas peur d'affirmer encore aujourd'hui l'infirmité de nos connaissances en cérébrologie.

Le cerveau a été longtemps l'énigme indéchiffrée de la science, un mystérieux organe. Il commence seulement à s'ouvrir aux physiologistes et à révéler sa fonction exclusivement motrice et sensible (centres moteurs et sensitifs, lobe de la mémoire), mais il est loin d'avoir livré tous ses secrets. A côté de lui, le *cervelet* ou petit cerveau demeure impénétrable ou du moins inexploré et incompris : négligé et dédaigné par les savants de l'École, il ne leur dit pas sa fonction et n'est pas rangé au nombre des organes essentiels, des rouages principaux de la vie nerveuse (2). Bref, la physiologie de l'encéphale n'est pas faite, et la science officielle, gênée par les entraves du matérialisme et de la routine, ne se presse pas

(1) *Le Cerveau,* 1890.
(2) Dr SURBLED : *La Vie affective,* VITTE.

d'y porter la lumière. Des chercheurs indépendants la devancent heureusement ; en étudiant de près le cervelet, ils ont pressenti que ce petit organe est le centre de la vie affective ou appétitive. C'est de cette hypothèse que nous attendons le renouvellement de la science encéphalique et l'explication des phénomènes qui marquent un dédoublement de la vie psycho-sensible, comme de ceux qui accusent l'unité de la conscience et de la vie mentale.

L'unité de la conscience à l'état vigil n'est pas contestable : elle suppose l'exercice de toutes les facultés psychiques, des cognoscitives comme des appétitives, le fonctionnement des différents organes de l'encéphale. Notre théorie en rend raison.

Le cerveau et le cervelet s'associent étroitement dans la vie nerveuse et servent respectivement les facultés cognoscitives et appétitives. C'est de leur consensus physiologique que naît la vie consciente ; c'est de leur fonctionnement harmonique que résulte l'état vigil.

L'harmonieux accord des deux organes de l'encéphale vient-il à se rompre, l'union des facultés qu'ils servent cesse aussitôt, et la conscience disparaît. Que le cervelet, réserve de force nerveuse, vienne à suspendre son action, à subir une inhibition transitoire, l'état conscient cesse d'être possible.

N'est-ce pas ce mécanisme qui rend le mieux compte du mystérieux phénomène du sommeil ? Le cervelet cessant d'envoyer au cerveau ses effluves nerveux, la sensibilité se suspend, l'attention n'a plus de base, et le sommeil apparaît (1).

Le sommeil se caractérise à la fois par la suspension de l'attention et par celle de la vie affective. Aussi

(1) Dr SURBLED : Le Sommeil, SUEUR.

trouve-t-il un obstacle insurmontable dans l'agitation des sens, dans le trouble des passions. Il semble alors que le centre organique de ces passions, le cervelet, soit en état d'éréthisme et refuse de subir l'inertie périodique qui abandonne le cerveau à lui-même et permet le repos morphéique.

Des conditions analogues président au développement de l'*ivresse*, du *narcotisme*, de l'*hypnose*, ou du moins notre hypothèse du cervelet permet de donner de ces phénomènes une explication plausible, probable.

L'hypnose tient à une dissociation des organes encéphaliques, à une rupture d'accord entre le cerveau et le cervelet. L'unité de l'organisation nerveuse centrale est brisée : le cervelet a perdu son rôle et agit peu ou point; seul, le cerveau, livré aux suggestions du dehors, n'est plus capable que d'un automatisme aussi parfait qu'inconscient. La vie affective de l'hypnotisé est altérée, déprimée, presque latente : la volonté, l'attention, sont perdues ou du moins subissent une perturbation profonde; la pleine conscience n'existe plus.

La folie, qui est la perte de la raison, déconcerte absolument la science et la philosophie; n'est-elle pas explicable avec notre hypothèse? La raison, nous l'avons dit ailleurs (1), est inséparable de la volonté greffée sur l'intelligence. Or, la volonté a pour *substratum* nécessaire le cervelet, organe de la sensibilité affective, comme l'intelligence se base sur le cerveau, organe de la sensibilité commune. L'exercice de la raison exige le consensus physiologique des organes encéphaliques (cerveau et cervelet) qui servent respectivement les facultés psychiques. Le cervelet vient-il à défaillir, atteint par le mal? La volonté sombre aussitôt, et avec elle la raison. C'est

(1) *La Raison*, SUEUR.

l'histoire de tous les *paralytiques généraux* et probablement de tous les fous (1).

Telle est la force de notre hypothèse qu'elle arrive non seulement à expliquer la dualité de notre être physique et moral, mais à rendre compte d'états singuliers, comme ceux des *médiums* et des *sourciers,* qui ont jusqu'à cette heure lassé et découragé les chercheurs. Dans la *transe* en état second, la cérébration inconsciente s'exerce seule et cause tous les prodiges du spiritisme. De même, l'action des *sourciers* suppose un automatisme où la conscience n'a rien à voir. L'encéphale frappé de dissociation laisse le cerveau à lui-même et donne tout empire au *sous-moi.*

Nous n'insistons pas sur ces faits que nous avons groupés et exposés dans des publications antérieures. Ils prouvent, contrairement aux assertions du Dr Grasset et de toute l'École, que le cerveau ne se scinde jamais dans son fonctionnement, que la vie cérébrale manifeste toujours une incomparable unité, que le *moi* et le *sous-moi* s'y rencontrent normalement dans une étroite collaboration. Ils ne se séparent plus ou moins que dans le sommeil, dans l'hypnose, dans la folie ou autres états anormaux. Et cette dissociation ne s'explique qu'avec notre hypothèse par la rupture fonctionnelle entre les organes de l'encéphale, dont le consensus assure la vie ordinaire.

Tout n'est pas dit sur la vie cérébrale, mais on entrevoit déjà le jour où le fonctionnement encéphalique enfin révélé expliquera cette vie sous sa double forme, avec le *moi* et le *sous-moi* si intimement associés et confondus dans les multiples manifestations du psychisme, où ils supportent notre *personnalité,* toujours une et identique à elle-même.

(1) Cf. Dr COURMONT : *Le Cervelet,* 1891 ; SURBLED : *Le Cervelet et la Folie (Science catholique),* avril 1893 ; *La Folie,* SUEUR ; articles de la *Pensée contemporaine,* 1906-1907.

BIBLIOGRAPHIE DE M. LE D' SURBLED

1. *Histologie comparée des fibrilles musculaires des ailes et des pattes chez les insectes.* (Bulletins de la Société philomatique de Paris, juin et juillet 1877.)
2. *Des tendons aberrants du cœur.* DERENNE, 1879 (*épuisé*).
3. *La fibrille musculaire d'après de récents travaux.* (Revue des questions scientifiques de Bruxelles, octobre 1880.)
4. *Une révolution dans la science : le cerveau et la pensée.* (Correspondant, 10 avril 1881.)
5. *Hygiène pour tous,* 1 volume in-18, RETAUX.
6. *Le Cerveau,* 1 volume in-18, RETAUX.
7. *Le médecin devant la conscience,* préface du cardinal PERRAUD, évêque d'Autun, membre de l'Académie française, 1 volume in-32, RETAUX.
8. *Le même,* traduction italienne, par le D' MURINO, Naples.
9. *La pensée.* (Science catholique, 1890-1891.).
10. *Le problème cérébral.* (Annales de philosophie chrétienne, janvier 1891.)
11. *La moralité des assurances.* (Congrès scientifique international de Paris, avril 1891.)
12. *La nature et la force de l'activité musculaire* (*ibid.*).
13. *Observation d'encéphalite mortelle à la suite d'une séance d'hypnotisme.* (Journal des Sciences médicales de Lille, mai 1891.)
14-17. *La morale dans ses rapports avec la médecine et l'hygiène,* onzième édition, 4 volumes in-18, RETAUX.
18. *L'influx nerveux et l'électricité.* (Science catholique, juillet 1891.)
19. *Le réflexe cérébral.* (Science catholique, septembre 1891.)
20. *Le surnaturel devant la science.* (Science catholique, 1891-1892.)
21. *Le problème cérébral,* deuxième édition, 1 volume in-16, MASSON.
22. *Un organe méconnu :* le cervelet. (Science catholique, 1892-1893.)

23. *Le cervelet et la folie.* (Science catholique, avril 1893.)
24. *Une cure étrange : la folie guérie par les maladies communes.* (Science catholique, juillet 1893.)
25. *Le sommeil.* (Annales de philosophie chrétienne.)
26. *Le même,* in-8°, SUEUR-CHARRUEY.
27. *La morale en médecine.* (Science catholique, août 1893.)
28. *L'automatisme psycho-cérébral.* (Science catholique, octobre 1893.)
29. *La pharmacie sociale.* (Le Socialisme, de Beauvais, décembre 1893.)
30. *La médecine sociale, gratuite, laïque et obligatoire. (Ibid.,* novembre 1893.)
31. *La société d'autopsie.* (Le Prêtre, 1893-1894.)
32. *Le calendrier de Mortillet.* (Franc-maçonnerie démasquée, février 1894.)
33. *Éléments de psychologie physiologique et rationnelle,* deuxième édition, 1 volume in-16, MASSON.
34. *Les explications physiques de la mémoire.* (Revue des questions scientifiques, avril 1894.)
35. *La volonté.* (Science catholique.)
36. *Le même,* in-8°, SUEUR.
37. *Les stigmates selon la science.* (Science catholique, novembre, décembre 1894.)
38. *Somnolence et sommeil.* (Revue des questions scientifiques, janvier 1895.)
39. *La doctrine des localisations cérébrales.* (Revue thomiste, janvier 1895.)
40. *Le même,* in-8°, SUEUR.
41. *La physiologie du sommeil.* (Correspondance catholique, 7 février 1895.)
42. *Intelligence et volonté.* (Science catholique, février 1895.)
43. *Attention et habitude.* (Science catholique, avril 1895.)
44. *La folie.* (Correspondance catholique.)
45. *Le même,* in-8°, SUEUR.
46. *L'intelligence et les lobes frontaux du cerveau.* (Revue des questions scientifiques, juillet 1895.)
47. *Le même,* in-8°, SUEUR.
48. *Le Rêve.* (Science catholique.)
49. *Le même,* in-8°, SUEUR.
50. *La lutte contre l'alcoolisme.* (Quinzaine, 1er août 1895.)
51. *Origine des rêves.* (Revue des questions scientifiques, octobre 1895.)

52. *La localisation de l'esprit.* (Annales de philosophie chrétienne, novembre 1895.)
53. *La volition animale.* (Science catholique.)
54. *Le même,* in-8°, SUEUR.
55. *L'imagination.* (Science catholique.)
56. *Le même,* in-8°, SUEUR.
57. *L'œil et le cerveau.* (Revue thomiste, mars 1896.)
58. *La culture des sujets en hypnose.* (Société des sciences psychiques, mars 1896.)
59. *Le sens d'orientation des oiseaux voyageurs.* (Science catholique, avril 1896.)
60. *Guerre aux cabarets.* (Quinzaine, 15 avril 1896.)
61. *La double vue.* (Société des Sciences psychiques, mai 1896.)
62. *La vie à deux, hygiène du mariage,* quatrième édition, 1 volume in-16, MALOINE.
63. *La double vue.* (Quinzaine, 15 juin 1896.)
64. *Le même,* in-8°, SUEUR.
65. *Raison et folie.* (Revue des questions scientifiques, juillet 1896.)
66. *La mémoire.* (Science catholique.)
67. *Le même,* in-8°, SUEUR.
68. *Les tempéraments d'après M. Fouillée.* (Annales de philosophie chrétienne, novembre 1896.)
69. *La lutte contre la tuberculose : les sanatoria et la cure d'air.* (Correspondant, 25 novembre 1896.)
70. *Centres cérébraux et images.* (Science catholique.)
71. *Le même,* in-8°, SUEUR.
72. *Le cerveau et le siège de la sensation.* (Science catholique.)
73. *Le même,* in-8°, SUEUR.
74. *L'écorce cérébrale selon les faits.* (Annales de philosophie chrétienne, avril 1897.)
75. *Le tempérament.* (Revue des questions scientifiques, avril-juillet 1897.)
76. *Le même,* in-8°. POLLEUNIS ET CEUTERICKE (*épuisé*).
77. *Genèse cérébro-psychique du langage articulé.* (Science catholique.)
78. *Le même,* in-8°, SUEUR.
79. *Neurones cérébraux et psychisme transcendant.* (Science catholique.)
80. *Le même,* in-8°. SUEUR.
81. *Questions de cérébrologie.* (Études des Pères Jésuites, 20 mai 1897.)

82. *La main et le cerveau.* (Science catholique.)
83. *Le même,* in-8°, SUEUR.
84. *La vie psycho-sensible,* 4° volume de la *Morale.* (Voir plus haut.)
85. *Cerebrologia juxta recentiorum inventa et hypotheses.* (Divus Thomas, d'Italie.)
86. *La cérébrologie nouvelle. Faits et hypothèses* (en latin), in-18.
87. *Magnétisme vital.* (Science catholique, novembre 1897.)
88. *Obsession et possession.* (Science catholique, décembre 1897.)
89. *La question du magnétisme.* (Correspondant, 25 mars 1898.)
90. *Spiritualisme et spiritisme,* deuxième édition, 1 volume in-18, TÉQUI.
91. *Pour ou contre l'hypnotisme.* (Science catholique.)
92. *Le même,* in-8°, SUEUR.
93. *La psycho-physiologie, son passé et son présent.* (Congrès bibliographique international de Paris, 1898.)
94. *Unité ou dualité cérébrale.* (Science catholique.)
95. *Le même,* in-8°, SUEUR.
96. *Le mystère de la télépathie.* (Monde invisible.)
97. *Le diable, c'est l'ignorance... souvent (ibid.).*
98. *Les stigmatisés.* (Correspondant, 10 juin 1898.)
99. *Les sourciers sont-ils des sorciers?* (Monde invisible.)
100. *Les marques des sorciers (ibid.).*
101. *Le diable et les sorciers.* (Science catholique.)
102. *Le même,* in-8°, SUEUR.
103. *Puissance de l'imagination.* (Revue des questions scientifiques, juillet 1898.)
104. *La sueur de sang.* (Correspondant, 25 août 1898.)
105. *Le même,* in-8°, SUEUR.
106. *Hallucinations collectives.* (Monde invisible.)
107. *Les guérisseurs (ibid.).*
108. *A propos d'Eusapia Paladino (ibid.).*
109. *Les photographies d'esprits.* (Correspondant, 10 nov. 1898.)
110. *Le même,* in-8°, SUEUR.
111. *A la recherche de la force psychique.* (Monde invisible.)
112. *Le Rêve,* deuxième édition, 1 volume in-18, TÉQUI.
113. *Fictions sensibles des amputés.* (Monde invisible.)
114. *Le diable et les médiums.* (Science catholique.)
115. *Le même,* in-8°, SUEUR.
116. *Les causes de la hantise.* (Monde invisible.)
117. *Les effluves humains.* (Revue des questions scientifiques, janvier 1899.)

118. *Le même,* in-8°, Sueur.
119. *La question des médiums.* (Monde invisible.)
120. *Esprit ou fluide?* (Revue du Clergé français, 15 février 1899.)
121. *Suggestion dans le délire.* (Académie des Sciences psychiques, mars 1899.)
122. *Le même.* (Monde invisible.)
123. *La vision dans l'hypnose* (*ibid.*).
124. *Hantise.* (Science catholique.)
125. *Le même,* in-8°, Sueur.
126. *Électricité et pesanteur.* (Académie des Sciences psychiques, avril 1899.).
127. *Le même.* (Monde invisible.)
128. *Les nerfs et la peau* (*ibid.*)
129. *La mémoire,* deuxième édition, 1 volume in-18, Téqui.
130. *De « mechanismo » sensationis.* (Divus Thomas, d'Italie.)
131. *Une trinité savante. Magnétisme, occultisme et spiritisme.* (Monde invisible.)
132. *Les frontières du surnaturel.* (Science catholique, août 1899.)
133. *Le même,* in-8°, Sueur.
134. *Le grand Congrès spirite et spiritualiste de 1900.* (Monde invisible.)
135. *Les spiritualistes indépendants au Congrès spirite de 1900* (*ibid.*).
136. *Le tempérament,* deuxième édition, 1 volume in-18, Téqui.
137. *La doctrine catholique et le corps astral ou psychique.* (Monde invisible.)
138. *Une nouvelle théorie sur le cervelet.* (Science catholique, octobre 1899.)
139. *Le même,* in-8°, Sueur.
140. *Hallucination.* (Revue des questions scientifiques, octobre 1899.)
141. *Le même,* in-8°, Sueur.
142. *Psychologie juxta neotericorum commenta.* (Divus Thomas.)
143. *Le mécanisme du sommeil.* (Science catholique, novembre 1899.)
144. *Le même,* in-8°, Sueur.
145. *Les progrès des sciences psychiques.* (Académie des Sciences psychiques, décembre 1899.)
146. *Le même.* (Monde invisible.)
147. *La vie de jeune homme,* quatrième édition, 1 volume in-18, Maloine.

148. *Pourquoi dormons-nous?* (Science catholique, février 1900.)
149. *Le même,* in-8°, SUEUR.
150. *La vie affective,* 1 volume in-18, VITTE.
151. *De « basi sensibili » conscienciæ.* (Divus Thomas.)
152. *La théorie du bloc surnaturel.* (Revue du Clergé français, 1er avril 1900.)
153. *Les travaux du Dr Toulouse.* (Revue du Monde catholique, 1er avril 1900.)
154. *Récamier.* (Science catholique, avril 1900.)
155. *Le même,* in-8°, SUEUR.
156. *La raison.* (Science catholique, mai-juin 1900.)
157. *Le même,* in-8°, SUEUR.
158. *Adnotationes criticæ circa « centra cerebralia associationis ».* (Divus Thomas.)
159. *Cherbourg en danger.* (Revue du Monde catholique, 15 juin 1900.)
160. *Gymnastique et massage (ibid.).*
161. *Les théories du sommeil.* (Revue des questions scientifiques, juillet 1900.)
162. *Les idées nouvelles en pathologie mentale.* (Science catholique, août 1900.)
163. *Le même,* in-8°, SUEUR.
164. *La conscience.* (Science catholique, septembre 1900.)
165. *Le même,* in-8°, SUEUR.
166. *Le siège des images.* (Congrès scientifique international. Munich, septembre 1900.)
167. *Crime et folie.* (Science catholique, octobre 1900).
168. *Une erreur de tactique.* (Revue du Clergé français, 15 octobre 1900.)
169. *Les beaux cerveaux.* (Revue du Monde catholique, octobre 1900.)
170. *Novissima recentiorum commenta de cerebri ad intellectum habitudine.* (Divus Thomas.)
171. *La lévitation.* (Science catholique, janvier-février 1901).
172. *Le même,* in-8°, SUEUR.
173. *Amor physiologice spectatus.* (Divus Thomas.)
174. *Spirites et médiums,* deuxième édition, 1 volume in-12, AMAT.
175. *Notes critiques sur l'hypnotisme.* (Ami du Clergé, février-mars-mai 1901.)
176. *Un roman spirite.* (Semaine religieuse de Paris, 3 mars 1901.)

177. *Comment on guérit la tuberculose.* (Revue des questions scientifiques, avril 1901.)
178. *Notes critiques sur le spiritisme.* (Ami du Clergé, mai à décembre 1901).
179. *Le spiritisme en détresse.* (Science catholique, 15 février 1901).
180. Préface et Notes de *Morale et médecine* du R. P. COPPENS, S. J., BENZIGER, Einsiedeln.
181. *Un problème biologique.* (Science catholique, août 1901.)
182. *De natura suggestionis.* (Divus Thomas.)
183. *La physiologie de l'extase.* (Science catholique, octobre 1901.)
184. *Psychologiæ profectus.* (Divus Thomas.)
185. *Cures de lumière.* (Études, 5 mars 1902.)
186. *Guerre à la tuberculose.* (Revue du Clergé français, 15 mars 1902.)
187. *Questions de cérébrologie.* (Études, 20 mars 1902.)
188. *Que savons-nous du cerveau?* (La Nouvelle France, Québec, mars 1902.)
189. *Débordements de physiologie.* (Science catholique, avril 1902.)
190. *Le même,* in-8°, SUEUR.
191. *Variole et vaccine.* (Revue du Clergé français, 1er mai 1902.)
192. *Le médecin chrétien et le code de ses devoirs.* (Études, 5 mai 1902.)
193. *De associationis centris.* (Divus Thomas.)
194. *Chronique scientifique.* (Revue du Clergé français, mai 1902 à octobre 1904.)
195. *Transformisme et spiritisme.* (Université catholique de Lyon, 15 mai 1902.)
196. *Au Canada. Le cinquantenaire de l'Université Laval.* (Correspondant, 25 mai 1902.)
197. *Le transformisme médical.* (Science catholique, 15 juin 1902.)
198. *Le même,* in-8°, SUEUR.
199. *Le spiritisme devant la science.* (Revue du Clergé français, 1er juillet 1902.)
200. *Les vertus de la lumière.* (La Nouvelle France, juillet 1902.)
201. *L'âme et le cerveau.* (Science catholique, 15 août 1902.)
202. *Le même,* in-8°, SUEUR.
203. *Le secret des sourciers.* (Science catholique, 15 septembre 1902.)
204. *Le même,* in-8°, SUEUR.
205. *La timidité.* (Nouvelle France, septembre-novembre 1902.)
206. *Le spectre de la dépopulation.* (Études, 5 octobre 1902.)

207. *Les lobes frontaux du cerveau.* (Science catholique, 15 octobre 1902.)
208. *Le même,* in-8°, Sueúr.
209. *La concierge chez les abeilles.* (Jeune fille du xxᵉ siècle, novembre 1902.)
210. *La sensibilité et ses organes dans les plantes.* (Naturaliste canadien, décembre 1902.)
211. *Qu'est-ce que l'hystérie?* (Science catholique, 15 janvier 1903.)
212. *Le même,* in-8°, Sueur.
213. *L'amour,* tome Iᵉʳ. *L'amour sain,* 1 volume in-8°, Maloine.
214. *La banqueroute des médicaments et le triomphe des sérums.* (Correspondant, 25 janvier 1903.)
215. *Télégraphie et téléphonie sans fil.* (Science catholique, 15 février 1903.)
216. *Le même,* in-8°, Sueur.
217. *Guérison de la tuberculose.* (La Nouvelle France, février 1903.)
218. *A quoi sert le cervelet?* (Divus Thomas.)
219. *De l'anémie à la tuberculose.* (Jeune fille du xxᵉ siècle, mars 1903.)
220. *Médecine sans médecin,* deuxième édition, 1 volume in-18, Bloud.
221. *Radio-conducteurs et télégraphie sans fil.* (La Nouvelle France, avril 1903.)
222. *L'hypnotisme guérisseur.* (Science catholique, 15 mai 1903.)
223. *Le même,* in-8°, Sueur.
224. *La vie de jeune fille,* quatrième édition, 1 volume in-16, Maloine.
225. *Histoire de maison hantée.* (Science catholique, 15 juin 1903.)
226. *Le même,* in-8°, Sueur.
227. *Tempérament et caractère.* (Science catholique, 15 juillet 1903.)
228. *Le même,* in-8°, Sueur.
229. *L'hypnotisme en justice.* (Science catholique, 15 août 1903.)
230. *Le même,* in-8°, Sueur.
231. *La lutte contre la tuberculose.* (Science catholique, 15 septembre 1903.)
232. *Le même,* in-8°, Sueur.
233. *L'alcoolisme et la ruine des familles.* (Études, 20 septembre 1903.)
234. *Les méfaits de l'alcoolisme.* (La Nouvelle France, septembre-octobre 1903.)

235. *Le même*, in-8°, Québec, DEMERS.
236. *La médecine nouvelle.* (Science catholique, octobre 1903.)
237. *Le même*, in-8°, SUEUR.
238. *En avant les hommes.* (Études, 20 décembre 1903.)
239. *Les soins aux malades.* Livre Ier. *Manuel élémentaire des Hospitalières de San-Salvadour*, 1 volume in-18. Paris, Société hospitalière de San-Salvadour, 53, rue de la Pompe.
240. *Les soins aux malades.* Livre II. *Questionnaire élémentaire des hospitalières*, 1 volume in-18, Paris (*ibid.*).
241. *Le spiritisme devant la science.* (Science catholique, janvier-février 1904.)
242. *Le même*, in-8°, SUEUR.
243. *Le sanatorium d'enfants de San-Salvadour.* (Gaulois, 4 février 1904.)
244. *Questions de cérébrologie.* (Études, 5 février 1904.)
245. *Pensée et cerveau.* (Revue de philosophie, 1er février 1904.)
246. *Cerveau antérieur.* (Pensée contemporaine, 25 février 1904.)
247. *Sententia prof. Grasset circa cerebrum.* (Divus Thomas.)
248. *Le même*, in-8°, SUEUR.
249. *L'alcoolisme et ses remèdes.* (La Nouvelle France, février 1904.)
250. *Le même*, in-8°, Québec, DEMERS.
251. *L'âme spirituelle et le cerveau.* (Pensée contemporaine, 25 mars 1904.)
252. *Les phénomènes psychiques.* (Science catholique, août 1904.)
253. *Le même*, in-8°, SUEUR.
254. *La terre tourne-t-elle?* (La Nouvelle France, août 1904.)
255. *Défense de l'organisme.* (Science catholique, septembre 1904.)
256. *Le même*, in-8°, SUEUR.
257. *Le vice solitaire*, troisième édition, 1 volume in-16, MALOINE.
258. *Les centres psychiques, d'après Grasset.* (Pensée, janvier-mai 1904.)
259. *L'amour.* Tome II. *L'amour malade*, deuxième édition, 1 volume in-8°, MALOINE.
260. *De intelligentia et lobis frontalibus.* (Divus Thomas, mars 1905.)
261. *La localisation de l'intelligence.* (La Nouvelle France, juin 1905.)
262. *Fluido vital.* (Revista de Aragon, juillet 1905.)
263. *La grande découverte du Dr Branly. La Télémécanique.* (La Nouvelle France, août 1905.)
264. *La base des tempéraments.* (Pensée, octobre 1905.)

265. *La vie cérébrale.* (Pensée, décembre 1905.)
266. *Est-on triste parce qu'on pleure?* (Pensée, janvier 1906.)
267. *Cronica cientifica.* (Cultura española, Madrid, février 1906.)
268. *Le sous-moi.* (Pensée, mars-avril 1906.)
269. *Les dernières cartouches de la libre pensée.* (La Nouvelle France, mars 1906.)
270. *Autour du mariage,* deuxième édition, 1 volume in-16, MA-LOINE.
271. *Imitation et suggestion.* (Pensée, avril 1906.)
272. *Les caractères.* (Pensée, mai 1906.)
273. *Les scrupuleux.* (Pensée, mai 1906.)
274. *Chronique scientifique.* (Nouvelle France, juin 1906 à 1908.)
275. *La demi-folie.* (Pensée, juin 1906.)
276. *Tromperie et simulation.* (Pensée, juin 1906.)
277. *Notas cientificas.* (Ciudad di Dios, août 1906.)
278. *Le médecin a-t-il le droit de tuer?* (Pensée, octobre 1906.)
279. *La cause du sommeil.* (Pensée, octobre 1906.)
280. *Cérébrologie et hydroscopie.* (Études, 5 novembre 1906.)
281. *Un grand progrès de la cérébrologie. Révision de la question de l'aphasie. Siège de la mémoire sensible.* (Pensée, novembre 1906.)
282. *Doute et crédulité.* (Pensée, décembre 1906.)
283. *Mysticisme et folie.* (Pensée, décembre 1906.)
284. *La mémoire et les mémoires.* (Pensée, janvier 1907.)
285. *Aphasie et amnésie.* (Revue de philosophie, février 1907.)
286. *Localisations cérébrales.* (Pensée, février 1907.)
287. *Folie ou psychose.* (Pensée, février 1907.)
288. *El lobulo de la memoria.* (Cultura española, février 1907.)
289. *Le miracle et les lois de la nature.* (Pensée, mars 1907.)
290. *Le remords.* (Pensée, mars 1907.)
291. *Les folies définies.* (Pensée, mars-avril 1907.)
292. *La mémoire du cœur.* (Pensée, avril 1907.)
293. *Mémoire et intelligence.* (Pensée, mai 1907.)
294. *Les symptômes psychiques des fous.* (Pensée, mai-juin 1907.)
295. *La vie de jeune garçon,* deuxième édition, 1 volume in-16, MALOINE.
296. *Un lavement bien ordonné et mal pris.* (Correspondant médical, 15 juin 1907.)
297. *La nature de la folie.* (Rivista di Fisica, Matematica et Scienze naturali, Pavie, juin 1907.)
298. *La memoria ed il suo lobo cerebrale.* (Scuola cattolica, Milan, juin 1907.)

299. *La funzione del cervello.* (Studium, Milan, juillet 1907.)
300. *Il problema dei temperamenti.* (Studium, octobre 1907.)
301. *Les folies indéterminées.* (Pensée, novembre-décembre 1907.)
302. *Los caracteres y su clasificacion.* (Cultura española, novembre 1907.)
303. *Pour la science.* (Pensée, décembre 1907.)
304. *Le sous-moi,* 1 volume in-18, MALOINE.

TABLE DES MATIÈRES

Ouvrages du Dr Georges SURBLED

Librairie A. MALOINE

25-27, RUE DE L'ÉCOLE-DE-MÉDECINE, 25-27, PARIS (VIᵉ)

Librairie Victor RETAUX

82, RUE BONAPARTE, 82, PARIS (VIᵉ)

www.ingramcontent.com/pod-product-compliance
Lightning Source LLC
Chambersburg PA
CBHW070752290326
41931CB00011BA/1987